MEDIA

© Verlag KOMPLETT-MEDIA GmbH
2014, München / Grünwald
www.komplett-media.de
ISBN 978-3-8312-0407-6

Der Titel ist auch als ebook (ISBN 978-3-8312-5739-3) erschienen.

Satz: Tim Schulz, Mainz
Design Cover: Heike Collip, Pfronten
Druck und Bindung: CPI Books, Ulm
Printed in Germany

Christian J.Th. Koch

Ohne Lüge Leben

Inhaltsverzeichnis:

Flucht § 213

„Hey Bruder, trink aus, dann gehen wir."
Gestern Abend schenkte ich mit diesen Worten meinem jüngeren
Bruder Maximilian ein 50-Liter Fäßchen Wartburg-Bier zu seinem
18. Geburtstag.
Er wußte sofort, was gemeint war.
Und bis zum Morgen hatten er und seine Kumpels es auf seiner
Geburtstagsfete geleert.

Zu zweit fliehen galt bereits als Gruppe, und das bedeutet, eine
deutlich höhere Haftstrafe zu bekommen. Da man mindestens
zwei Drittel absitzen mußte, bevor man einen der Plätze in den
Geisterbussen ins Aufnahmelager Gießen bekam, waren wir
besonders darauf bedacht, nicht als Gruppe zu gelten.
Wir vereinbarten: jeder geht für sich allein! und wir wissen nichts
(absolut NICHTS!) von der Flucht des anderen. Weiterhin werden
wir auf unterschiedlichen Wegen versuchen, zur westdeutschen
Botschaft in Belgrad durchzukommen.
Diese Botschaft, als einzige im Ostblock, war berechtigt, ostdeutschen Flüchtlingen einen westdeutschen Paß auszustellen.
Das Gelingen der Flucht, das heißt in Belgrad diese Botschaft zu
erreichen und von da an keine Angst mehr vor Verhaftung haben
zu müssen. Geschützt durch den neuen Paß, wie ein westdeutscher
Reisender einfach über Wien nach München weiterzureisen, wag-
te ich mir nicht vorzustellen.
Dagegen sperrte sich meine Phantasie.

Ich schätzte, meine Chance es zu schaffen lag bei 5%, dagegen
standen 95%, gefaßt zu werden und dann den schweren Weg über
Knast und den Häftlingsfreikauf gehen zu müssen, bei dem man

obendrein Gefahr lief, aus Stasi-Rache oder sonstigen Gründen, aus dem Knast zurück nach Ostdeutschland entlassen zu werden.

Da uns das klar war, hatten wir während eines unserer deutsch-deutschen Familientreffen in Prag, zu unserer Absicherung und um schon früh auf die Freikaufslisten zu kommen, bereits die Übernahme unserer Verteidigung durch Dr. h.c. Wolfgang Vogel, an dessen Westberliner Büro, in Auftrag gegeben.

Zwei leicht zu überwindende Grenzen: die in die ČSSR und von dort weiter nach Ungarn. Und dann die schwierige Grenze bei Szegedin durch die scharf bewachte und mit Schwermetallen verseuchte Tisa, nach Jugoslawien. Dort zum Schluß noch der Weg durchs Land nach Belgrad, auf dem man auch nicht erwischt werden durfte, da auch die Jugos Ostdeutsche nach Ost-Berlin auslieferten.
Wir hatten keine Ahnung, wo in Belgrad die westdeutsche Botschaft war. Aber so genau hatten wir das auch nicht geplant. Wir versuchten erst einmal, nur bis Budapest zu denken.
Wer bis dorthin durchkommen würde, hinterlegt für den Bruder einen Zettel in der uns sehr gut bekannten Pension in der Lacymanios Utca 18. Und nicht vergessen: Karte schreiben an Friedrich-Ernst nach Westdeutschland, damit es über diesen Umweg eine verschlüsselte Zwischenmeldung an die Eltern gibt.

Dann sehen wir weiter.

Mein Zimmer hatte ich aufgeräumt, meine Schätze (unsere Helden) an Freunde verteilt: George Orwell, Alexander Soltschenizyn, Reiner Kunze, Albert Schweitzer uva.. Denn dort, wo ich hinging, konnte man das im Laden nachkaufen. Ich sagte mir das, konnte es mir aber nicht wirklich vorstellen.
Mein Heiligtum, die Schreibmaschine vom Großvater, auf der nach dem Krieg der gesamte Schriftverkehr zum Neuanfang der

Pfarrer Autoversicherung Bruderhilfe geschrieben worden war (nachdem meine Großmutter die Mitgliederkartei in Schuhkartons von Ost- nach Westdeutschland geschmuggelt und dadurch gerettet hatte), übergab ich meinen Eltern mit der Bitte, sie aufzubewahren.

Soweit die Vorbereitungen.

18 Monate Armee – geschafft!
Die Wartezeit auf Maximilians 18. Geburtstag – geschafft!
Das Leben fing jetzt endlich an.

Es war eine lange Quälerei gewesen, bis ich an diesen Punkt kam: Ursprünglich wollte ich nach meiner Lehrzeit im VEB Automobilwerk Eisenach mit meinem älteren Bruder gehen.
Er nach seinem Abitur, ich nach der Lehrzeit, wurden wir zeitgleich gemustert, und wir erwarteten beide unmittelbar die Einberufung zur Armee.
Wir hatten vereinbart, wir hauen vorher ab, er nimmt mich mit – er ruft mich an, wir gehen zusammen.
Ich war reisefertig – bereits in Wartestellung. Abmarschbereit!
Er wollte nur noch kurz in Ost-Berlin Freunde besuchen.
Wie hatte ich damals gewartet, im vollen, tiefen Vertrauen, daß er endlich anrief, aber er rief nicht mehr an.

Ich verstand nicht, warum er sich nicht meldete. Unfähig, so ohne ihn loszugehen, allein loszugehen, blieb ich erstarrt zurück.

Er hatte mir nicht einmal Bescheid gesagt, daß er lieber allein gehen wollte.
Er war einfach so gegangen.

Er war doch mein großer Bruder?!

In dieses ohnmächtige Verharren kam, wie befürchtet, der Einberufungsbefehl.

Würde ich jetzt noch zur Flucht aufbrechen, wäre es Desertion. Ungleich härter bestraft und ohne Chance, gen Westen entlassen zu werden.

Ich wurde eingezogen: 18 Monate zur Nationalen Volksarmee NVA – Standort: Eggesin am Stettiner Haff.

Stettiner Haff: das war ein Sandmeer, ein Kiefernmeer und dann gar nichts mehr ...

In den ersten Wochen meiner Dienstzeit die Nachricht meiner Eltern: keine Lebenszeichen von ihm. Vier Wochen später die Nachricht: Seine Flucht war gescheitert, die Stasi hatte ihn. Vier Monate später die Nachricht: er war zu 22 Monaten Gefängnis verurteilt worden.

Über ihn, meinen großen Bruder, wußte ich damals noch nicht, daß er zu einem niemals fähig wäre: Verantwortung zu übernehmen.

Wegen meiner häufigen Rekonvaleszenzen (ich hatte 2 OPs im Lazarett Ückermünde, bei denen ich Fenster in meine Nasennebenhöhlen bekam), wurde ich oft im Innendienst eingesetzt.

Ich hatte wieder einen der 24-Stunden Dienste „GvD" („Gefreiter vom Dienst" – obwohl ich nur Soldat war), saß in der Telephonzentrale. Ich war schon im letzten Drittel meiner Armeezeit, war schon EK, es waren sogar schon die letzten 150 Tage, an denen wir Entlassungskandidaten pro Tag einen Zentimeter an unserem Maßband abschneiden konnten und uns so an dem immer kürzer werdenden Band erfreuten. Die Schnipsel wurden gesammelt und am Entlassungstag wie Konfetti vor dem Kasernentor verstreut.

Bisher hatte meine Mutter mich nie hier angerufen. Umso überraschter war ich, als ich ihre Stimme hörte. Sie teilte mir durch die Blume mit, daß mein großer Bruder gestern in Gießen im Notaufnahmelager angekommen war.

Ich konnte mich daraufhin nicht mehr bewegen, auch nicht freuen, nicht toben oder schreien … nur zittern – schweigendes hilfloses bebendes tränenloses Zittern.

Es wollte nicht aufhören. Meine Zähne schlugen aufeinander. Jetzt erschien auch noch der Leutnant.

Er sah aus, als wüßte er, was ich gerade erfahren hatte. Er stellte keine Frage und ließ mich von einem Stubenkameraden ablösen.

Zum zweiten Mal in meinem Leben bekam ich das ohnmächtige Gefühl, daß sich ein Eisenring eng um meinem Brustkorb legt.

Unter dem wütenden Schmerz dieser Erfahrung entschloß ich mich, auf jeden Fall mit meiner Flucht zu warten bis mein kleiner Bruder 18 Jahre alt geworden war, um ihn dann unter meiner Obhut mitzunehmen.

Ihm sollte nicht widerfahren, was mir passiert war.

Das ist jetzt alles geschafft und vorüber. Alles Schnee von Gestern!

Aufregung – irre Vorfreude – keinerlei Angst.

Der Abschied von den Eltern nur kurz. Ich nahm beide in den Arm, dann wich ich dem drohenden Gefühlsdusel aus und schaute schnell zu meinem kleinen Bruder ins Zimmer. Der lag noch im Bett, weil er von der Fete einen Kater hatte.

Noch ganz verschlafen sagte er: „Ich breche erst heute Nachmittag auf, bin noch total müde." Dann drückten wir uns ganz fest die Hand, wünschten uns mit einem Toitoitoi viel Glück, und ich machte mich auf den Weg, meinen Zug zu erreichen.

Um rechtzeitig am Zug zu sein, war ich viel zu früh dran, aber ich wollte los, um den ganzen Weg zum Bahnhof in aller Ruhe, extra langsam gehen zu können, um mir alles noch einmal bewußt anzusehen, einzuprägen; denn ich wußte, es ist ein Abschied für immer.

Davor hatte ich ein wenig Angst gehabt, ich befürchtete, es würde sehr sentimental werden. Aber: Ehrensteig, Geschwister-Scholl Schule, Katharinenstraße, am Schwarzen Brunnen vorbei zum Markt. Durch die Karlsstraße zum Platz der Deutsch-Sowjetischen- Freundschaft DSF, der eigentlich Karlsplatz hieß und von uns auch nur so genannt wurde, zum Bahnhof – ich blieb völlig unberührt und ohne Wehmut.

Tschüß Heimatstadt!

Jetzt stehe ich endlich hier, auf dem Bahnsteig, und das ist der Moment, den ich nie vergessen will!

Ich atme langsam, spüre mein Blut in den Schläfen pochen.

Dann sauge ich den Moment richtig in mich auf und präge mir das „JETZT-HIER-STEHEN" für immer ein.

Dabei verändert sich mein Gefühl für diese Stadt.

Eisenach ist nicht mehr mein Zuhause, meine Heimat. Ich bin gegangen – noch nicht weg, doch schon ein Fremder.

Noch zehn Minuten bis zur Abfahrt meines Zuges.

Um keinen Verdacht zu erregen, habe ich mir erst eine Fahrkarte nur bis Erfurt gekauft und nehme besser den Personenzug.

Die kleine Reisetasche hängt über meiner Schulter – nur kein großes Gepäck, auch das könnte auffallen.

Da sehe ich meinen Vater im langen wehenden Mantel die Treppe zum Bahnsteig emporhetzen. Es ist doch alles gesagt worden. Wir hatten uns schon verabschiedet.

Was will er noch?

Er kommt auf mich zu, umarmt mich heftig, verlangt, daß ich ihm noch einmal verspreche, nicht auf die Minenfelder zuzulaufen.

Dann steckt er mir DM 70,– zu. „Für alle Fälle – mehr habe ich leider nicht. Im Ostblock mit Ostgeld, da kommst du nicht weit."

Im Zug setze ich mich ans Fenster. Der typische Geruch in den Waggons löst Fernweh aus. Ich freue mich über jede Haltestelle, die mich vorwärts bringt. Schon kommt Gotha, danach Erfurt.

Erfurt

In Erfurt laufe ich durch die Altstadt. Bin vorsichtig, achte darauf, ob mir jemand folgt.

Zwei Stunden später fahre ich, nun mit einem D-Zug, weiter in Richtung Dresden.

Der Zug hält in Weimar. Gudrun lebt hier.

Meine Gedanken schweifen weit zurück zu ihr.

Wir hatten eine Liebe ohnegleichen. Groß, mächtig, unvergleichbar, einmalig.

Dann kam meine Armeezeit.

Und während meiner Grundausbildungszeit schrieb sie mir einen Brief aus dem Krankenhaus. Darin stand, daß es ihr sehr schlecht gehe, daß sie habe sterben wollen, daß das nichts mit mir zu tun habe und daß wir uns nicht mehr wiedersehen dürfen.

Ich lief in der Kaserne fast Amok und konnte doch nichts machen.

Damals fühlte ich das erste Mal, wie sich ein Eisenring um meinen Brustkorb schloß.

Bis vor Kurzem hatte ich mich daran gehalten, ihren Wunsch geachtet, dann aber mußte ich zu ihr hinfahren.

Ich hätte nicht für immer fortgehen können, ohne sie wenigstens noch ein einziges Mal wiedergesehen zu haben.

Vor vier Wochen war ich also noch einmal nach Weimar gefahren, den vertrauten Weg vom Bahnhof zur Thomas-Müntzer-Straße gelaufen.

Unverändert, der große schwarze schmiedeeiserne Gartenzaun, die ausgetretenen Steinstufen. Dann stand ich vor der riesigen Wohnungstür.

Mir war mulmig im Magen und ich war gespannt, was mich erwarten würde.

Ich klingelte, sie öffnete und schaute überhaupt nicht erstaunt. Aus ihren Augen leuchtete mir unsere Vertrautheit und Liebe entgegen.

Sie trat auf mich zu, nahm meine Hände: „Du willst dich verabschieden. Du gehst?"

Ich konnte nur „Ja" brummen.

Wir standen in der Tür und küßten uns lange und sehr zärtlich. In Zeitlupe – immer und immer wieder, verabschiedeten sich unsere Lippen, Augen und Hände voneinander.

Schließlich löste sie sich von mir. „Schick mir eine Karte, wenn du angekommen bist!"

Sie schloß die Tür.

Auf der Heimfahrt nach Eisenach war mir kotzelend.

Der Schaffner pfeift – die Waggontüren schließen – mein Zug fährt weiter.

Weimar Ade – Thüringen Ade.

In **Dresden** wieder aussteigen,
wieder Gang durch die Altstadt,
wieder auf Verfolger achten.

Weiter geht es: auch von Dresden nach Prag mit dem Zug.

Vor mir liegt die 1. Grenze.

Diese Grenze ist noch ein Kinderspiel. Nach Prag kann ich mit meinem Personalausweis reisen, brauche keine Zusatzstempel, wie für Ungarn.

Im Zug suche ich mir günstige Sitznachbarn und finde eine Reisegruppe Gleichaltriger, manche im blauen FDJ-Hemd. Ich setze mich mitten unter sie.

Wir nähern uns der Grenze. Mir wird bang und mulmig im Magen. Grenzort Aussig (Ústi nad Labem). Dann die Grenzkontrolle. Die Grenzer kontrollieren mich nur flüchtig. Sie glauben, ich gehöre zu den Blauhemden der FDJ-Reisegruppe.

Nach der Grenze überkommen mich riesige Glücksgefühle. Es ging so leicht.

Sachsen Ade.
In mir keimt die Hoffnung auf, es wäre zu schaffen, es könnte gelingen.

Jetzt sehe ich mich zum ersten Mal, auch ohne Gefängnisaufenthalt, in München ankommen.

Schlafen kann ich nicht, starre in die dunkle Nacht.

Böhmen.

Mit beschwingten Gefühlen komme ich frühmorgens in **Prag** an. Es ist 5:00 Uhr, als ich aus dem Bahnhof herauskomme und in Richtung Wenzelsplatz gehe.

Um einen möglicherweise mich doch noch verfolgenden Stasi-Schatten abzuschütteln, laufe ich durch die Arkaden und Passagen, schlage Haken, ziehe große Bögen zurück auf meine Spur, um zu prüfen, ob er mir noch folgt und falls ja, um ihn endgültig loszuwerden.
Als ich nach vielem Zickzack absolut sicher bin, fühle ich mich erleichtert und auch ein wenig stolz.

Am Wenzelsplatz kommt mir plötzlich Jan Palach in den Sinn. Am 16. Januar 1969 hatte er sich hier selbst angezündete.

Was wäre passiert, hätte es in Eisenach einen Volksaufstand gegeben. Mit meiner Erziehung hätte ich wohl ähnlich gehandelt.
Wir sind Brüder im Geiste. Der Gedanke erschreckt mich, denn dann wäre ich heute tot.

An einem schon geöffneten Kiosk trinke ich einen Kaffee und esse dazu ein Stück semmelartiges Gebäck.
Dabei stelle ich mir vor: hier auf dem Wenzelsplatz, Prager Frühling ... der Platz voller Menschen, dazwischen die russischen Panzer ... wie die Menschen Angst, Wut, Mut und alles zugleich haben ...
... und denke sofort auch immer an Reiner Kunze. Seine „Die Wunderbaren Jahre" waren uns fast heilig und gingen im Freundeskreis von Hand zu Hand.
Vater hat uns Kinder zweimal nachts geweckt und zum Fernsehen geholt. Das eine Mal war es die Mondlandung, das andere Mal, der Einmarsch der Warschauer-Pakt-Truppen in Prag (mit dabei deutsche Soldaten der NVA) zur Niederschlagung des Prager Frühlings.

Bin schon fast 24 Stunden unterwegs.

Übernächtigt, aufgekratzt fühle ich, daß ich ich bin.
Es geht mir sehr gut. Das macht mich unheimlich stark!

Bahnfahrkarten sind teuer, deswegen entschließe ich mich, die Reise per Anhalter fortzusetzen.
Besser Geld sparen, wer weiß ...
Mit der Straßenbahn fahre ich zum Stadtrand und finde dort an einer Autobahnauffahrt einen guten Standplatz zum Trampen in Richtung Brünn.

Schon nach kurzer Zeit hält ein blauer 750ger Mercedes LKW und nimmt mich mit. Der Fahrer, ein alter Mann, erzählt in gebrochenem Deutsch, daß er aus West-Berlin unterwegs in die Türkei sei. Sein Laster hat ovale weiße Kennzeichen. Auf der Ladefläche liegt gebrauchter Hausrat.

Die Autobahn ist noch im Bau und die Strecke deshalb häufig von schmalen, alten Landstraßenabschnitten unterbrochen.

Ich schlafe ein wenig. Der Motor zieht nicht richtig. An Steigungen werden wir jedesmal sehr langsam. Schließlich bleiben wir ganz stehen.

Ich kenne das. Da ist entweder ein Leck in der Dieselleitung, oder der Dieselfilter im Sichtglöckchen ist verdreckt. Der alte Mann ist ratlos. Ich sage ihm, daß ich weiß was los ist. Als ich nach meiner Armeezeit auf Maximilians 18. Geburtstag wartete, war ich lange genug als Kieskutscher mit einem alten W50-Kipper, auf den Baustellen rund um Erfurt für den VEB Kraftverkehr Eisenach unterwegs gewesen. Da hatten wir ständig diese Pannen mit verdrecktem Diesel und verstopften Filtern. Ich mache mich an die Arbeit. Unter dem Beifahrersitz finde ich die notwendigen Schraubenschlüssel.

Für mich ist der Westen so unvorstellbar fern, daß ich mir nicht wirklich vorstellen kann, daß die Wiesen dort auch grün sind. Alles ist dort bestimmt ganz anders.

Jetzt bin ich richtig stolz, habe mit meinen Kenntnissen sogar einen westdeutschen LKW reparieren können.

Ein gutes Gefühl.

Es geht weiter.

Der Diesel hat wieder volle Leistung und zieht gut durch. Der alte Mann ist überglücklich. Da er meine Kenntnisse im Umgang mit LKWs sieht, ergibt es sich, daß ich weiterfahre, Er gönnt sich auf dem Beifahrersitz eine Pause.

Zum Unterhalten ist es zu laut, auch spricht der Mann zuwenig
Deutsch und ich kein Türkisch.

So sitzen wir einfach nebeneinander.
Ich fahre. Der alte Mann, der seit West-Berlin durchgefahren ist,
schläft dankbar.
Ich genieße das Fahren durch die Nacht. Meine Hände riechen
nach Diesel. Das stört mich nicht. Ganz im Gegenteil, es gibt mir
so etwas wie Normalität in der doch außerordentlichen Situation
meiner Flucht.
Der Motor brummt jetzt gleichmäßig und angenehm ruhig; und
ist zudem deutlich leiser als seinerzeit „mein" W50.

Wir verlassen Böhmen.

Mähren

Kurz vor Brünn (Brno) der Abzweig nach Preßburg (Bratislava). Hier steige ich aus.

An dieser Kreuzung trennt sich nicht nur mein Weg von dem des alten Türken, sondern auch mein Fluchtweg von dem meines kleinen Bruders.

Wir hatten vereinbart, daß er via Preßburg und ich via Košice, nahe der sowjetischen Grenze, versuchen werden, nach Ungarn, nach Budapest durchzukommen.

Bis Brünn sind es nur noch ein paar Kilometer.

Nach erneut nur kurzer Wartezeit nimmt mich ein kleiner Lieferwagen mit in die Stadt.

Brünn

Über Brünn weiß ich nichts. Mir fallen nur die Motorradrennen ein, von denen uns unser Eisenacher Nachbar vom Ehrensteig immer erzählt hat, er hieß Alfred S. war Europameister im Seitenwagenrennen und fuhr das Gespann zusammen mit seiner Frau.

Da ab Brünn die Autobahn Richtung Osten auch noch nicht fertiggestellt ist, entscheide ich mich erneut für den Zug.

Der Bahnhof, ein heruntergekommenes Gebäude mit gelber Fassade. Ich löse eine Fahrkarte nach Košice.

Ein Zug geht in 2 Stunden.

Müdigkeit überkommt mich und Hunger. Auf dem Bahnhofsvorplatz finde ich ein einfaches Restaurant.

Am Nachbartisch werden gerade Böhmische Knödel mit Fleisch serviert.

Das gönne ich mir auch. Winke dem Kellner und bestelle mir Knödel mit Kraut und dazu ein Bier.

Mit dem ersten Schluck durchströmt mich, ähnlich einer Narkose, eine dunkle warme Welle und macht meine Muskeln wunderbar schwer.

Ich lehne mich zurück, genieße es zu sitzen und nicht von meiner eigenen Unruhe getrieben zu werden.

Noch ist alles möglich.

Noch bin ich auf dem Weg.

Noch haben sie mich nicht.

Brünn hat viele Sehenswürdigkeiten, doch auf einen Stadtrundgang, in der mir noch verbleibenden Zeit bis zur Abfahrt des Zuges, habe ich keine Lust. Nehme lieber erst noch einen Kaffee und bummele dann etwas durch das Viertel.

An einem Kiosk kaufe ich eine Landkarte von Mähren. Meine Karte der ČSSR ist eine reine Straßenkarte und zeigt nicht die für mich wichtigen Details.

Im Zug suche ich mir ein leeres Abteil. Ich finde eines, bei dem man sogar die Sitze in Liegesitze verwandeln kann. Da ich allein bin, mache ich es mir bequem und ziehe unten an der Schlaufe des Sitzpolsters, bis ich die Sitze in der ersten Rasterung habe. So kann ich gut sitzen, die Füße hochlegen und trotzdem aus dem Fenster schauen.

Ich nehme meine neue Karte heraus und suche in der Gegend um Košice nach einer guten Stelle, an der ich nach Ungarn hinüber könnte. Ich markiere mir auf der Karte die Orte: Sečovce, Trebišov, und direkt an der Grenze, Čerhov. Von Košice sind das noch ca. 30 Km.

Darüber bin ich wohl eingeschlafen.

Ich erwache davon, daß sich drei junge Männer in mein Abteil drängen. Sie unterhalten sich lautstark auf Tschechisch. Ich verstehe kein Wort. Bin abweisend und versuche weiterzuschlafen. Ich fühle mich unbehaglich, weiß nicht, wie ich mich verhalten soll. Es ist nicht normal, daß ein junger Mann wie ich, weitab aller Touristenwege, allein unterwegs ist.

Sie sprechen mich an: „Německý" antworte ich. Das ist fast schon mein ganzer tschechischer Wortschatz und auch das nur, weil es dem russischen Wort für „deutsch" gleicht.

„Wie heißt du?" fragt mich daraufhin einer auf Deutsch.

„Theodor" antworte ich.

„Woher kommst du?"

„Německu"

„Ost oder West?"

Wir konnten einen Westdeutschen von einem Ostdeutschen auf 100 Meter gegen den Wind unterscheiden.

Es war einfach zu deutlich zu erkennen. Nicht nur unsere blassere Haut wegen der schlechteren Ernährung, nein, auch unsere Körperhaltung war ein Merkmal.

Ostdeutsche waren immer etwas unsicherer, vorsichtiger.

Auch wenn ich zu Weihnachten von Oma aus München die heiß ersehnte Levis 501 bekam. Ich war und blieb erkennbar ein Ostdeutscher.

Als ich im Staatsbürgerkundeunterricht unsere Lehrerin Frau Held fragte, warum bei einem Schutzwall vor äußeren Feinden die Minen innen liegen, hat sie nur wieder von vorne angefangen, mit ihren Fingerknöcheln auf dem Lehrertisch den Rhythmus vorgebend, uns die Parolen einzutrichtern.

„Der imperialistische Klassenfeind lauert überall!", und dabei fixierte sie mich genau.

Diese Art der Entwürdigung, Lügen wiederholen zu müssen, das traf mich nicht. Mein kirchliches Elternhaus schützte mich vor diesem Kniefall, der von vielen meiner Klassenkameraden nicht mal bemerkt wurde.

Ich durfte in der Schule nicht frei reden, aber zu Hause war eine Insel, auf der ich mit Freunden und der Familie frei denken und offen reden konnte.

Wenn Sonntags Vater von der Kanzel offene Worte sprach und in der letzten Reihe der Stasi-Typ rote Ohren bekam, waren wir stolz, nicht zu kuschen, waren wir stolz, anders zu sein – und freier zu sein als unsere Kameraden.

Welch ein Irrtum – welcher Hochmut!

Denn ich war auch nur einer von denen mit Manko und Stigma. Einer von denen, die innerhalb des Stacheldrahts bleiben müssen. Nicht die Parolen, sondern daß ich vor dem Stacheldraht stehe und ihn als unüberwindbare Grenze meiner Welt hinnehmen muß, sind der wahre Grund für Manko und Stigma. Die mir erlaubte Welt ist am Stacheldraht zu Ende.
Punktum – basta – und das bis ans unvorstellbare Ende der Zeit. Ich darf da nicht durch. STOP. ICH NICHT!

Oft stand ich oben auf dem Turm der Wartburg, schaute hinüber nach Hessen und bekam so ein häßliches Würgen im Hals. WAR-UM?
Ich bin ein Mensch 2. Klasse – trage ein Brandzeichen auf meiner Seele – bin nur ein Mensch 2. Klasse, eingesperrt.

„Westdeutschland" antworte ich fest und spüre, wie ich rot werde. Gebe mir innerlich einen Ruck, selbstbewußt zu wirken. Meine Levis und dazu die Jeansjacke sind mein Kostüm. Unauffällig schiebe ich meine heruntergelatschten Schuhe unter den Sitz.
„Wo?"
„Erlangen, Student"

Damit lassen sie wieder von mir ab. Ich versuche erneut zu schlafen. Noch drei Stunden bis Košice.
Bitter stößt mir auf, daß mich meine Körpersprache verraten könnte.

Košice

Es ist wieder sehr früher Morgen, als ich in **Košice** aus dem Bahnhofsgebäude komme. Die Architektur ähnlich jener der K. und K. geprägten Städte Prag und Brünn. Ich lasse mich im Strom der Menge treiben und komme zu einem Marktplatz.
Ein großes Durcheinander und Gedränge herrscht zwischen den Marktständen.
Fast alle Frauen tragen schwarze Kopftücher und lange schwarze Röcke. An einer Ecke ein kleines Café. Ich setze mich hinein und bestelle einen Tschai. Am Nachbartisch habe ich Tschai, das russische Wort für Tee aufgeschnappt und daraus geschlossen, daß es auch im Tschechischen diese Bedeutung hat. Ich habe richtig kombiniert, denn nach kurzer Zeit bringt mir der Kellner ein Glas Tee.
So habe ich mir orientalisches Treiben immer vorgestellt.
Meine Gedanken drehen sich um mein Weiterkommen. Wie kann ich das Grenzgebiet sondieren?
Wenn ich zu lange bleibe, könnte ich auffallen und kontrolliert werden.
Agiere ich übereilt, könnte mir ein Fehler unterlaufen.
Ich trinke meinen Tee aus und mache mich auf den Weg zurück zum Bahnhof. Suche nach einer Nahverkehrsübersicht und darauf meine auf der Karte markierten Orte heraus.
Von Košice nach Borsa gibt es eine Busverbindung. Der Bus hält auch in Čerhov. Das ist ein winziger Ort, direkt an der Grenze, weitab von größeren Orten, mit einem kleinen Fluß – der, laut Karte die Grenze markiert.
Ideal!

Mit meinem großen Bruder hatte ich vereinbart, mich zu meinem Schutz schon unterwegs als Friedrich-Ernst auszugeben.
Denn würde ich gefaßt werden, müßte sich die Polizei erst an die Westdeutsche Botschaft wenden. So könnte ich eventuell einen Westdeutschen Paß bekommen.

Er hatte versichert, daß er während der Zeit meiner Flucht, auf mögliche Nachfragen der westdeutschen Polizei durch seine Mitbewohner ausrichten ließe, er befände sich in der ČSSR und Ungarn auf Urlaubstour.

Jetzt ist ein guter Zeitpunkt, mich endgültig von meiner ostdeutschen Identität zu verabschieden.
Meine Fahrerlaubnis hatte ich, um sie nicht auch wegwerfen zu müssen, schon bei meinen Eltern zurückgelassen. Von der Straße hebe ich eine alte Zeitung auf, stecke den verhaßten blauen Personalausweis hinein und zerknülle das Ganze. Dann lasse ich es in einem Papierkorb verschwinden

Ade, ostdeutscher Theodor.

Hallo, westdeutscher Friedrich-Ernst
Das fühlt sich richtig gut an.

Auf Russisch „Gde Avtobusnaya Stanciya?" traue ich mich hier niemanden zu fragen, auf die sind sie hier nicht gut zu sprechen.
Ich suche im Bahnhof nach einem Stadtplan, finde einen und darauf eingezeichnet den *autobusové nádraží*.
Eine halbe Stunde Fußweg.
Der Busbahnhof ist eine große Teerfläche voller Schlaglöcher. Am Rand des Platzes einige Hinweisschilder.
Mein Bus nach Borsa via Čerhov steht schon bereit. Ich gehe noch etwas einkaufen, ein paar Stück Kuchen und eine Flasche Limo. Dann steige ich vorne beim Fahrer ein und sage „Čerhov". Er erwidert irgendwas, was sich wie eine Zahl anhört.
Ich halte ihm einen großen Kronen-Schein hin und stecke wortlos das Wechselgeld ein. Nur wenige Passagiere sind im Bus. Ich setze mich ganz hinten hin. Es sind noch 20 Minuten bis zur Abfahrt.
Niemand beachtet mich. Ich esse ein Stück Kuchen.

Čerhov – eigentlich nur ein Platz mit Häusern drumherum. Eine Stadt ohne Stadt.

Ich steige aus und verschwinde so schnell es geht. Eine Straßenecke weiter stehe ich auch schon auf einem Feldweg.

Soweit ich schauen kann, Felder. Auf den Feldern das Getreide erst halb hoch und noch grün. Ich orientiere mich an der Sonne gen Süden.

Meine Limo ist längst alle. Ich ärgere mich, daß ich so unbedacht einfach drauflosaufe. Warum habe ich nicht in Košice richtig eingekauft?

Eine Reserve, etwas zu essen für den Abend, daran hätte ich doch denken können.

Jetzt, da es Ernst wird, tue ich so, als ob ich auf einem x-beliebigen harmlosen Hundespaziergang wäre. Laufe wie ein Wanderer durch die Felder. Ich reiße mich zusammen, verscheuche die Gedanken um Essenkauf und den Ärger über meine Gedankenlosigkeit und konzentriere mich.

Ich muß herausfinden, wo der Fluß ist.

Ich muß herausfinden, wie die Grenzanlagen sind.

Ich muß einen günstigen Zeitpunkt zum Hinüberlaufen entdecken.

Die Felder sind riesengroß und endlos, wie bei den Landwirtschaftlichen Produktionsgenossenschaften. Die Feldwege haben tiefe Furchen. Alles ist sehr trocken und staubig.

Auf meiner Karte sah es so nah aus, vom Ort bis zum Fluß – jetzt bin ich schon fast 2 Stunden unterwegs. Endlich sehe ich einen Waldstreifen. Endlich!

Der Waldstreifen ist nicht sehr breit, ein nur cirka 30 Meter breiter Streifen. Ich steuere schnurstracks darauf zu. Im Wald fließt auch der kleine Fluß. Erschöpft mache ich Rast. Ziehe die Schuhe aus und halte die Füße ins Wasser. Welch eine Wohltat!

Der Fluß ist nicht sehr breit und auch nicht tief. Ich kremple meine Jeans hoch und wate hinüber ans andere Ufer. Bin ich schon in

Ungarn? Aus dem Fluß zu trinken traue ich mich nicht. Zu viele Felder ringsum, wer weiß, was da an Düngemitteln schon im Wasser ist.

Jetzt heißt es besonders vorsichtig zu sein.

Gebückt schleiche ich durch die Bäume zum anderen Waldrand und lege mich auf die Lauer. Irgendwo müssen Wachtürme sein und Soldaten, die Streife laufen. Das hier ist zwar nicht der Eiserne Vorhang mit Stacheldraht und Minen, aber eine bewachte Grenze. Die Sonne steht hoch. Ich klettere auf einen Baum und entdecke ca. 150 Meter östlich von mir einen Wachturm. Weitere Wachtürme kann ich nicht ausmachen.

Vor mir breiten sich wieder endlos große Felder aus. Nach einer Stunde aufmerksamen Beobachtens habe ich nicht einen Wachsoldaten auf Streife gesehen.

Daraufhin klettere ich von meinem Baum herunter, nehme meine Tasche und schleiche mich am Waldrand, immer tief geduckt, weiter weg vom Wachturm. Am Feld verläuft ein Weg parallel zum Wald. Ich bleibe aber im Wald und laufe weiter, bis ich in dem benachbarten Feld einen Weg finde, der nicht mehr parallel zum Waldrand, sondern ins offene Land führt. Dort schleiche ich mich über den kleinen Feldweg, springe hinüber ins Feld, lege ich mich sofort auf die Erde und warte, ob etwas geschieht.

Nichts passiert, alles bleibt ruhig.

Nach einer Weile traue ich mich vorsichtig, immer noch tief gebückt, den Feldweg entlangzulaufen, weg von der Grenze, hinein nach Ungarn. Auch von hier aus kann ich keinen Wachturm sehen. Die beständige geduckte Haltung beschert mir zunehmende Rückenschmerzen. Das läßt mich sorgloser werden. Schritt um Schritt richte ich mich immer etwas mehr auf, bis ich zum Schluß ganz normal laufe.

Ich fühle mich sicher. Geschafft!

Da hatte ich solche Sorgen, diese Grenze wäre schon richtig scharf bewacht.

Ich entspanne mich und erfreue mich an dem Spaziergang und sehe auf einmal, wie schön diese hügelige Landschaft ist.
Das nächste und übernächste Dorf will ich noch weit umgehen.
Dann irgendwie weitersehen.
Ich schreite beschwingt aus, wie auf einem Spaziergang und schlendere.

„Klack Klick-klackckck…klick-schnappppp".
noch einmal
„Klack Klick-klackckck–klick-schnappppp".

Diese kleine Melodie mit ihrem metallischen Rhythmus, ich kenne sie, sie ist mir als völlig harmlos vertraut, aber jetzt fährt sie mir wie eine Schockwelle blitzartig durch alle Knochen.
In meinen Knien nur noch Pudding.
„Stop!" ertönt ein Kommando.

Mit verbundenen Augen konnte ich meine Kalaschnikow auseinandernehmen und wieder zusammensetzen. Tausendmal gehört: „Klack Klick-klackckck…klick-schnappppp", wenn der Schlagbolzen beim Spannen der Abzugsvorrichtung umgelenkt wurde und dann einrastete. Fertig zum scharfen Schuß.
Wir hatten viele Schießübungen. Ich war ein guter Schütze. Stehend schießen, mit Einzelschuß und auch als Salve, war ich sogar besser als unser Zugführer Leutnant Rudi Gerbler. Wir nahmen das aber nicht ernst. Wir wußten, es ist ein völlig dämliches Sandkastenspiel. Wozu diese Ernsthaftigkeit? Wir lachten alle heimlich, wenn uns der Politoffizier die Notwendigkeit des wachsamen Soldaten einprägte.
Wir wußten, sollte es zum Krieg kommen, würde der an einem roten Knopf ausgelöst, und dann ist sowieso alles egal.
Deswegen achteten wir zwar die Spatensoldaten, aber wir fanden es absurd, da das Gewehr als Waffe sowieso sinnlos war.

Wir wußten auch um die Sinnlosigkeit, mit der wir als „Kompanie Chemische Abwehr" Soldaten und Material nach einem Atomschlag abwuschen. Das entlockte uns nur unendlich viele Lacher und Witze.

Meine Kalaschnikow war für mich nichts weiter als ein Spielzeug. Daß man mit ihr töten konnte, habe ich nicht wahrgenommen. Aber jetzt, von dieser Schockwelle des „Klack Klick-klackckck.. klick-schnappppp" siedendheiß durchzuckt: was, wenn sich jetzt ein Schuß oder eine Salve löst?

Ich bleibe stehen und bewege mich keinen einzigen Millimeter mehr, erstarre zu Stein. Schritte nähern sich in großem Bogen um mich herum. Dann taucht ein junger ungarischer Soldat, die Kalaschnikow im Hüftanschlag, vor mir auf. Was er sagt, kann ich nicht verstehen. Aber seine Handzeichen bedeuten mir: hinsetzen. Etwas abseits steht ein weiterer Soldat.

Also setze ich mich einfach auf die Erde.

Die beiden Soldaten sichern wieder ihre Kalaschnikows. Am zweimaligen Klicken des Sicherungshebels erkenne ich: die Kalaschnikows standen auf Dauerfeuer.

Nach einer Weile kommt ein Armeejeep. Zwei Soldaten steigen aus. Sie nehmen meine Tasche, durchsuchen sie kurz, dann heißen sie mich hinten einzusteigen. Es geht bis ins nächste Dorf. Dort wartet bereits ein Polizeiauto, das mich übernimmt.

Zwei Polizisten. Der ältere fragt mich auf Deutsch nach meinen Papieren.

Sieht man mir an, daß ich Deutscher bin? „Die sind mir heute Nacht im Zug, als ich schlief, gestohlen worden, habe es aber erst vor zwei Stunden bemerkt."

„Wie heißen Sie und woher kommen Sie?"

„Ich heiße Friedrich-Ernst K., bin Student und komme aus Erlangen. Das liegt bei Nürnberg."

„Wie ist der Name Ihrer Mutter?"

„Juliane“

„Was machen Sie hier?“

„Ich trampe durch die Tschechoslowakei.“

„Hier ist Ungarn!“ sagt er sehr unfreundlich.

„Da habe ich mich wohl verlaufen,“ antworte ich und versuche dabei zu lächeln.

„Hahaha,“ lacht er laut und nicht mehr so unfreundlich.

Der andere Polizist bleibt ernst. Er konnte wohl der Befragung nicht folgen.

Auf einen Befehl des älteren Polizisten hin legt er mir Handschellen an. Schmale Eisenringe mit kleinen Zahnrasterungen, die mir ins Handgelenk schneiden.

Als ich einen Schmerzenslaut von mir gebe, drückt er noch einen Zahn weiter zu. Dann muß ich hinten in das Polizeiauto, einen Polski-Fiat „Schiguli“, einsteigen. Der ältere Polizist setzt sich neben mich, der jüngere hinters Lenkrad. Er fährt – viel zu schnell mit quietschenden Reifen. Der Ältere sagt nichts dazu. Es scheint wohl der normale Fahrstil zu sein.

Etwa eine halbe Stunde fahren wir in diesem Affentempo, bis wir in einer Stadt ankommen.

Ich habe es nicht geschafft.

Miskolc

In Miskolc angekommen, hält das Polizeiauto an einer Polizeistation.

Ich verlange, die Westdeutsche Botschaft anrufen zu dürfen. Gelächter.

Ich habe es nicht geschafft.

Sie führen mich über den Hinterhof hinab in den Keller. Vor einer Eisentür bleiben wir stehen. Endlich nehmen sie mir die Handschellen ab – sie hinterlassen zwei dunkle Striemen an meinen

Handgelenken. Vor mir eine ca. 20qm große Zelle. Ich muß hinein.
Sie zeigen auf meine Schuhe. Ich muß sie ausziehen. Sie nehmen sie mit.
Dann fällt hinter mir die Eisentür zu.

Ich habe es nicht geschafft.

Zwei Riegel schnappen und der Schlüssel wird zweimal gedreht. Dann ist sie zu – !
Zum ersten Mal bin ich richtig eingesperrt, schließen sich hinter mir Riegel einer Zellentür.

Wände, Decke, Fenster und Tür, alles ist grau-grün – schmutzig.
Die von kleinen Dellen übersäte Tür hat in der Mitte eine eingebaute Klappe und darüber, in Augenhöhe, ein kleines Guckloch.
In der Ecke liegt eine Schaumstoffmatratze undefinierbarer Farbe.
Sonst ist nichts mehr in der Zelle.
Von draußen, durchs gekippte Fenster, höre ich Schritte und Stimmen. Sehen kann ich nichts, da das Geländer vor dem Fenster mit gelben wellblechartigem Plastik verblendet ist und den Blick versperrt.
Verstehen kann ich auch nichts – Ungarisch. Mein Gepäck, die Uhr und eben auch die Schuhe haben sie mir weggenommen. Ich setze mich auf die Matratze.
Nichts geht mir durch den Kopf. Leere. Es vergeht einfach nur die Zeit.
Dumpfe Betäubung. Erstarrung. Durch einen Spalt am Fenster, oben über dem Rand der Plastikwand, sehe ich Himmel.
Draußen scheint die Sonne. Der Sommer hat begonnen.

Für mich ist die Tür zu und wird es lange lange bleiben.

Vor meinem Fenster startet ein Motor. Unverkennbar das Zwei-takt-Knattern eines Wartburg-Motors.

Sofort rieche ich auch das typische Zweitaktgemisch. Der Wagen steht direkt vor meinem Fenster. Die Auspuffgase ziehen in meine Zelle herunter. Ich bekomme keine Luft mehr. Mir wird schlecht. Ich ziehe meine Jacke aus und halte sie mir vors Gesicht.

Mit den Füßen trete ich gegen die Tür – ohne Schuhe ist das drau-ßen nicht zu hören.

Ich halte die Luft an und trommle mit den Fäusten gegen die Tür. Nichts passiert. Ich trommle, rufe, schreie, tobe.

Mir wird klar, ich werde das Opfer einer Unaufmerksamkeit.

Ich ersticke!

Ohnmacht – grenzenlose Ohnmacht.

Gequält, erschöpft sitze ich im Türrahmen.

Scheiße, daß es jetzt so mit mir zu Ende geht. Mein Tod ein dämli-cher Unfall?!

Den Kopf zwischen den Knien, hocke ich an der Türritze. Meine Jacke vors Gesicht gepreßt, atme ich ganz flach.

Draußen wird das Motorgeräusch mal lauter, mal leiser. Irgendwie reparieren sie was am Motor.

Dann wird es auf einmal deutlich lauter, und der Wartburg ent-fernt sich.

Mit starken Kopfschmerzen bleibe ich im Türrahmen sitzen.

Bis in meinen Kopf hinauf pulsiert das Blut.

In Dumpfheit brüte ich vor mich hin. Meine Gedanken nehmen keine klare Gestalt an.

Es ist das zweite Mal in meinem Leben, daß ich Todesangst gespürt habe.

Viel viel später. Die Tür öffnet sich. Ich stehe auf.

Ich bekomme meine Schuhe zurück, muß sie anziehen, und dann geht es den selben Weg wieder nach oben.

Bevor wir auf den Hof hinaustreten, werden mir erneut die Handschellen angelegt.

Wieder werden sie viel zu stramm um meine Handgelenke angezogen.

Im Hof steht das Polizeiauto noch am gleichen Platz. Ich muß hinten einsteigen, meine Tasche kommt in den Kofferraum. Es sind dieselben Polizisten, die mich schon bei den Grenzsoldaten abgeholt haben.

Wir fahren los.

Die Sonne steht schon tief.

Wir fahren auf einer Landstraße, an den Straßenschildern sehe ich, daß es in Richtung Budapest geht. So hatte ich mir mein Eintreffen dort nicht vorgestellt.

Niemand redet mit mir. Ich weiß nicht, was los ist. Von meinem älteren Bruder weiß ich, daß ich jetzt wahrscheinlich auf dem Weg in ein Budapester Gefängnis bin, welches den Spitznamen „Hotel Europa" trägt, weil es in Ungarn die Sammelstelle der Republikflüchtlinge ist.

Denken kann ich immer noch nicht. Mein Kopf ist leer.

Mein Kehlkopf ist wie ein schwerer Stein. Ich muß schlucken und immer wieder schlucken. Tränen kenne ich nicht. Kann mich nicht erinnern, nach meiner Kindheit je wieder geweint zu haben.

Meine Erinnerung an meine letzten Tränen, ich war in der Orthopädischen Kinderklinik in Arnstadt. Ich lag im Schlafsaal mit ca. 20 anderen Kindern. Wir waren alle zwischen 8 bis 12 Jahre alt und hatten alle Heimweh.

Die Chausseebäume ziehen endlos an mir vorbei. Kaum Dörfer. Lange, schnurgerade Landstraßen. Die Handschellen schmerzen. Wenig Verkehr.

Wir erreichen Budapest. Ich erkenne Straßen wieder. Wir fahren Richtung Innenstadt. Überqueren die Donau.

Ein kurzes Stück Uferpromenade. Ich sehe die Burg. Wir fahren durch ein großes Eisentor in einen von Gebäuden umschlossenen Hof.

Grau, trist, dunkel. Der Motor wird abgestellt, wir bleiben sitzen. Aus einer kleinen Tür eines Gebäudes, kommt ein Polizist auf uns zu.

Ich muß aussteigen, die Handschellen werden mir abgenommen und ich bekomme meine Tasche. Dann werde ich dem anderen Polizisten übergeben, der mich in das Gebäude führt. Es geht über breite Treppengänge in den 2. Stock. Innen ist das Gebäude nicht so dunkel. Große Fenster – alles vergittert.

Flure mit Zellentüren. Große Rundbögen. In Budapest ist sogar noch das Gefängnis schön. Eine Zellentür steht halb offen. Wir bleiben davor stehen. Meine Tasche nimmt mir der Polizist weg. Ich muß in die Zelle hinein.

Wieder schließt sich eine Zellentür hinter mir.

Eisenbett, Hocker, großes vergittertes Fenster – Milchglas – nur der obere Teil ist klar und ich habe einen schmalen Ausblick auf ein Dachstück und einen Kirchturm.

Ich lege mich aufs Bett und harre der Dinge, die passieren werden. Lange nichts.

Von außen die Geräusche der Stadt. Drinnen Stille. Ab und zu vom Flur das Doppeldrehen eines Schlüssels, das Schlagen einer Klappe oder Schnappen der Riegel.

Irgendwann, das Zeitgefühl habe ich verloren, öffnet sich bei mir die Klappe in der Tür.

Wortlos reicht mir jemand, von dem ich nur die Hände sehe, meine Waschsachen und ein Handtuch.

Klapp – mit einem satten metallischen Laut schließt sich die Klappe.

Ich lege mich wieder auf das Bett.

Ich habe pochende, stechende Kopfschmerzen. Gehe zum Waschbecken. Trinke aus der Leitung. Das Wasser schmeckt stark chlorhaltig.

Das Thüringer Quellwasser in Eisenach war viel besser.

Zähneputzen.

Dann versuche ich, die Toilette zu benutzen.

In der Ecke ist ein braunes Porzellanklo mit Holzbrille und Deckel.

Obwohl ich allein in der Zelle bin, habe ich Angst, es ist mir so unangenehm, jetzt könnte sich die Zellentür oder Klappe öffnen.

Nichts zu lesen … auf dem zu einem kleinen Stoß gefalteten Toilettenpapier steht aufgedruckt: Egezegügi-papír.

Egezegügi-papír …

Egezegügi-papír …

Endlos langsam vergeht die Zeit.

Ich habe keinerlei Ahnung mehr – wie spät es sein könnte.

Ich schrecke hoch, habe wohl kurz geschlafen.

Von draußen ist das regelmäßige Schlagen der Zellentüren zu hören.

Es kommt langsam näher. Dann öffnet sich bei mir die Klappe und ich erhalte einen Kanten Weißbrot und eine dicke Scheibe durchwachsenen geräucherten Speck.

Gesprochen wird nichts.

Ich hatte heute Morgen was gegessen, aber das ist so fern wie ein fremdes Leben.

Hunger? Ich esse. Mein Körper tut das, ohne daß ich ihn steuere.

Meine erste Nacht im Gefängnis steht mir bevor.

Ich bin traurig und wütend auf mich. Wie konnte ich nur so blauäugig sein und mich nicht besser vorbereiten.

Ob es Maximilian geschafft hat?

Ich stelle mich an die Zellentür und pfeife so laut ich kann unseren Familienpfiff.

Keine Antwort.

Noch einmal, so laut ich kann … Keine Antwort!!
Er ist nicht hier.
Noch ist er unterwegs.
Dann kommt ein Rest meiner Euphorie in mir auf. Ich bin auf dem Weg in die Freiheit, auch wenn ich hier eingesperrt bin.

Irgendwann schlafe ich ein.

Am nächsten Morgen Klappe auf, eine große Emailleschale mit Malzkaffee wird mir gereicht. Dabei wird kein Wort gesprochen. Er ist entsetzlich süß, ungenießbar – ich versuche vorsichtig, mit Wasser zu verdünnen.
Dazu der gleiche große Kanten Weißbrot, wie gestern Abend.

Nach dem Frühstück – ich denke, daß ich was tun muß – beginne ich aus lauter Langeweile, auf dem Zellenboden Liegestütze zu machen.

Es gab nicht für alle einen Platz zum Atmen. Um atmen zu können, mußte man kuschen. Das Kuschen und Ducken, das haben wir Kirchenkinder von klein auf gelernt, war verabscheuungswürdig.
Waren wir falsch erzogen?
Auf jeden Fall, um in diesem Staat zu leben bzw. zu überleben.

In meine Träumerei – Riegelschnappen, die Zellentür öffnet sich.
Ein junger Polizist steht vor der Tür.
„Kommen Sie mit!"
Wir gehen die Treppen hinab, durch einen Seitengang. Ich muß in ein Büro eintreten.
Ein anderer Polizist, 2 Sterne auf den Schulterstücken, sitzt hinter dem Schreibtisch.
Vor ihm auf dem Tisch die Landkarte aus meiner Tasche.

In fehlerfreiem Deutsch, mit einem leichten Akzent, fragt er mich nach meinen Personalien. Ich gebe, wie mit Friedrich-Ernst abgesprochen, seine Personalien an.

Da lacht er laut.

Zusätzlich will er noch den Geburtsnamen meiner Mutter wissen. Die Polizei in Košice hat sich nicht so ausführlich für meine Personalien interessiert. Aber den Namen meiner Mutter wollten die auch unbedingt wissen, das muß wohl eine Eigenart der Ungarn sein, denke ich.

Er legt meine Straßenkarte von Böhmen und Mähren auf den Tisch. „Wozu haben Sie die gebraucht?"

„Ich bin interessiert an der Geschichte der Tschechoslowakei und sehe mir das Land an. Ich bin Student und knapp bei Kasse, deswegen Trampen.

Ich habe mich im Grenzgebiet verlaufen."

Mein Atem geht schnell, trotzdem versuche ich Ruhe und Selbstsicherheit auszustrahlen.

Ein Westdeutscher hätte hier und jetzt keine Angst, sondern wäre ärgerlich und wütend.

Also bin ich wütend und ärgerlich.

Er lacht wieder laut. Sein Lachen ist versöhnlich, nicht häßlich, sondern humorvoll.

„Das müssen Sie später der Polizei in Ost-Berlin erzählen. Dorthin werden Sie überstellt."

Er benutzt nicht das übliche DDR-Vokabular von Hauptstadt und dem ganzen aufgeblähten Sprachmist.

Was will er mir signalisieren, überlege ich?

Will er mir sagen, daß er mich versteht? Will er mich dadurch hervorlocken? Ist das ein Verhörtrick?

„Sie sind ein Ostdeutscher und wollen nach Westdeutschland. Davon gehe ich nach Durchsicht aller Ihrer Sachen aus. Alles andere erfahren Sie in Ost-Berlin."

Damit läßt er mich wieder abführen.

Nach kurzer Zeit klopft es an der Tür. Der andere Polizist holt mich ab und bringt mich zurück in die Zelle. Er spricht kein Deutsch – dirigiert mich, indem er seine ungarischen Befehle mit deutlichen Handzeichen untermalt.

In der Zelle liegt ein Buch auf dem Tisch. Goethe, „Die Leiden des jungen Werther". Ich lege mich aufs Bett und lese.
Während des Lesens schweifen meine Gedanken ab – ich sehe mich bei Werther und Lotte auf der Wiese sitzen.

Riegelschnappen hallt über den Flur.
Das holt mich kurz zurück.
Dann lese ich weiter, mein Blick rutscht ab vom Buch und bleibt am eisernen Bettgestell hängen – meine Gedanken fliegen, träumen. Ich bin nicht mehr hier.
Das Buch ist Startrampe. Ich fliehe.

Hartes metallisches Schlagen. Es sind die Türklappen. Wahrscheinlich Essen. Jetzt schnappen die Riegel an meiner Zellentür.
Dann auch der Schlüssel – zweimal.
Ich stehe unwillkürlich auf.
Die Tür geht auf – ein junger Polizist hält mir einen Teller mit Nudeln hin.
Unglaublich – oben auf den Nudeln ein dicker Klecks Marmelade.
Sonst keine Soße – nichts dazu.
Mit dem sympathischen ungarischen Akzent sagt er freundlich:
„In einer Stunde Freigang im Hof."
„Sie bekommen alle zwei Tage ein Buch."
„Freitag Duschen."
Dann ist die Tür wieder zu. Zweimaliges Drehen des Schlüssels und Schnappen beider Riegel: Schnapp und noch einmal Schnapp.

Ich nehme meinen Teller Nudeln, setze mich auf den Hocker an den Tisch und versuche mich an der Kombination Nudeln und Marmelade.

Als Besteck habe ich eine Alugabel dazubekommen.

Das ist ungenießbar! Wie der Malzkaffee am Morgen, viel viel zu süß.

Ich kratze vorsichtig die Marmelade ab und esse die Nudeln trocken.

Ich finde meine Situation nicht bedrückend. Eher komisch. Das Essen – was soll's, andere Länder andere Sitten.

Satt bin ich nicht. Aber es ist OK.

Ich lege mich aufs Bett und lese weiter. Bin sofort wieder in Wahlheim.

Wieder gleite ich beim Lesen vom Buch ab … Diesmal bleibe ich hier in der Zelle. Am Waschbecken liegen meine Zahnbürste und Zahnpasta. Extra im Intershop gekauft, Requisiten, damit ich glaubhaft einen Westdeutschen spielen kann.

Die Anspannung der letzten Tage fällt von mir ab … die durchgefahrenen Nächte fordern ihren Tribut.

Ich schlafe ein.

Erst das Riegelschnappen und Schlüsseldrehen an meiner Zellentür weckt mich.

Freigang!

Ich folge dem Polizisten über die Treppen zum Hinterausgang. Wir kommen auf einen Innenhof, der wie ein Bienenstock in Waben eingeteilt ist. Ich muß in eines der Abteile hinein. Es ist ca. 30qm groß und von übermannshohen Mauern umgeben.

Die Tür schließt sich hinter mir. Oben sehe ich nur den mir schon bekannten Innenhof in tristem Grau. Vergitterte Fenster.

Ich beginne mit Dehnübungen. Denke, daß mir das guttut.

Dann laufe ich im Kreis. Die Hände lege ich auf dem Rücken zusammen, so lief mein Großvater.

Meine Gedanken ordnen sich.

Ich habe es nicht geschafft!

In der einen Ecke meines Abteils ist Sonne. Nach ein paar Lauf-
runden langweile ich mich. Lehne mich an die Abteilwand und
halte das Gesicht in die Sonne.
Wohlige Wärme.
Der Polizist bringt mich wieder hinauf – zurück in die Zelle.
Auch ein Job, denke ich mir, den ganzen Tag Gefangene hin- und
her eskortieren. Tür auf, Tür zu. Treppauf treppab.

Bis zum Abend – nichts. Lesen … Werther hat sich erschossen.
Auf dem Flur Stille.
Ich träume vor mich hin.
Sehe Renate, wie sie immer spät noch kam und sich ganz leise zu
mir in mein Bett legte.
Wie schön es war, sie morgens beim Aufwachen in meinen Arm
gekuschelt zu finden. Es war warm, wohlig und verschmust.
Wir mußten uns nicht viel bewegen, dann waren wir schon inein-
ander. Genossen das Sanfte, das Ruhige, das langsame Erwachen.
Ich genoß, wie schön Liebe riecht.

Vom Ende des Flures her tönt wieder das Klappen der Essensaus-
gabe, kommt von Tür zu Tür näher.
Meine Klappe geht auf. Wieder bekomme ich einen großen Kanten
Weißbrot und dazu eine Scheibe geräucherten durchwachsenen
Speck.
Ich lege beides auf den Tisch. Hunger habe ich noch keinen.
An der Wand sind die Reste einer übertünchten Strichliste zu
sehen.
Vorsichtig mit dem Fingernagel ritze ich die ersten zwei Striche
frei. Der Urheber dieser Liste war 35 Striche lang in dieser Zelle.

Ob es Maximilian geschafft hat?

Ich stelle mich an die Zellentür und pfeife so laut ich kann unseren Familienpfiff.
Keine Antwort.
Ich pfeife noch einmal. Hoffe, mein Pfeifen ist in allen Zellen zu hören.
Keine Antwort.

Zähneputzen, Waschen, Langeweile.
Weit entfernt durchs Fenster rauscht die Stadt. Eine Straßenbahn quietscht.
Die Menschen genießen bestimmt den Sommerabend. Ich würde jetzt auch gerne den Abend genießen, die Lichter der Stadt erleben oder wie viele Paare, in dem dafür berühmten Burggarten an der Fischerbastei, mit einer Freundin liegen und schmusen.
Mein Weißbrot zerbrösele ich, knete es und esse dann die kleinen Kugeln. Der Speck glänzt fett – ich lasse ihn liegen.

Die Nacht ist schwer. Meine Gedanken drehen sich. Es ist warm.
Ich wasche mich noch einmal mit kaltem Wasser ab und versuche zu schlafen.

Ich schrecke hoch, die Geräusche sind mir fremd. Irgendwo metallisches Schnappen und das Scheppern von Blechgeschirr.
Langsam begreife ich, daß Renates Wärme und ihr Geruch nur ein Traum waren. Ich bin in Budapest, im Gefängnis.
Kalkwände, Eisentür mit Spion und Essenklappe, vergittertes Fenster mit Milchglasscheiben, Tisch, Hocker, Klo und das Eisenbett, in dem ich liege.
Das Frühstück kommt. Wieder der überaus süße Malzkaffee, wieder das große Stück Weißbrot.
Verdünne wie gehabt den Malzkaffee und esse das Weißbrot.

Auf dem Flur ist Ruhe. Die Essensausgabe beendet. Keine Ahnung, wie spät es sein könnte. Ich wasche mich, putze die Zähne. Einfach schrecklich dieses WC.

Weißbrot – Nudeln – Weißbrot – Nudeln – ...

Bewegungsmangel. Ich denke, ein paar Kniebeuge können nicht schaden, damit die Peristaltik in Gang kommt.

Ich komme mir komisch vor, wie ich mich da so auf und nieder beuge.

Ich mache mein Bett und lege mich dann darauf. Greife noch mal zum Werther und blättere darin herum.

Ich träume mich zurück in mein Zimmer in Eisenach. Hoch oben überm Ehrensteig konnte ich aus meinem Fenster heraus über die Stadt bis zur Autobahn sehen. Über die Michelskuppe, die mit ihrer Kalkfelsen-Glatze so komisch, wie ein dicker Pickel, aus den Häusern herausstach.

Oben, am Rand des Tals sah man die Autos fahren – fast nur West-autos. Auf diesem Stück der Autobahn durften nur Westdeutsche fahren, Transitstrecke auf dem Weg von Hessen nach Westberlin. Für Ostdeutsche endete die Autobahn an der Ausfahrt Eisenach-West.

Für Ostdeutsche war dort das Ende der Welt, der Rand der kleinen Scheibe, auf der wir leben mußten.

Diese Grenze war so mächtig, daß sie sogar verhinderte, daß ich mir eine reale Welt jenseits davon vorstellen konnte.

Egal, woher ich heimkam, ob aus Weimar oder Erfurt oder sonst-woher, ich wohnte in Eisenach-West, dies war immer meine Abfahrt, die letzte Abfahrt vor der Grenze. Ich sah immer diese großen Schilder „Achtung Weiterfahrt nur Transit" und es gab mir jedes Mal einen Stich, daß ich eingesperrt war und zu den Menschen 2. Klasse gehörte, die nicht über diese Grenze fahren durf-ten, sondern bleiben mußten.

Warum nur war ich hier geboren? Warum?

Bald, das gibt mir Kraft, diese Zelle zu ertragen, bald bin auch ich frei. Ich muß zwar einen hohen Preis dafür bezahlen, was anderen geschenkt wird. Aber das habe ich für mich schon akzeptiert, daß ich mir meine Freiheit erst erkämpfen muß.

Auf dem Flur laute schnelle Schritte. Ungewöhnlich bei dem sonst üblichen gemächlichen Tempo.
Meine Zellentürriegel schnappen, und der Schlüssel dreht zweimal.
Wieder stehe ich unwillkürlich auf. Der Polizist von gestern; in Eile und sehr unfreundlich: auf Ungarisch kommt ein Befehl. Seine Zeichensprache bedeutet: „Mitkommen!"
Wir gehen den Weg zur Vernehmung.
Der Vernehmer auch nicht mehr so freundlich, wie vorgestern. Es beginnt die ganze Litanei von vorn: Familie, Geburtsname der Mutter und dann zusätzlich noch genaue Angaben über alle Geschwister.

Danach werde ich wieder zurückgebracht.
In meiner Zelle liegt auf dem Tisch ein neues Buch.
Schön – ein dickes Buch – schön!
Ehm Welk „Die Heiden von Kummerow".
Nur nicht gleich loslegen. Das möchte ich mir aufsparen. So lange wie möglich hinauszögern.
Denn wenn ich es noch vor mir habe, ist Spannung da, habe ich etwas, was mich vor der Unerbittlichkeit dieser Wände schützt.
Denn sobald ich es ausgelesen habe, beginnt wieder das stumpfe Warten, wird meine Zelle immer kleiner, enger und verzweifelter.
In der Zelle muß man seinen Körper besonders pflegen. War das nicht in „Die Flucht von Alcatraz" und „Papillon" so? (Ich als Steve McQueen sind wieder 30 Minuten träumen).
Auf nieder, auf nieder – wie in der Sportstunde. Dehnen, beugen, ich muß es schaffen zu schwitzen.
Kalt waschen.

Jetzt auf mein Bett: nehme mein Buch, dann bin ich in Pommern. Lese langsam, lese es mir vor. Deutlich sehe ich die Landschaft, den Bach, spielende Kinder, die Wiesen, die Sommerwege an der Landstraße – warum sind mir diese Details früher beim Lesen nicht aufgefallen – habe sie einfach überlesen, war nur fixiert, der Handlung zu folgen.

Aber jetzt, jetzt überfliege ich solche Landschaftspassagen nicht mehr, sondern vertiefe mich in sie, lese und versuche mir dabei, ein genaues Bild der Landschaft vozustellen!
Das beginnende Geklapper auf dem Flur könnte das Mittagessen sein.
Ich zähle die Türen – je 8 auf jeder Seite, bis zu mir. Nudeln mit … Marmelade!
Nach mir noch zwei Zellen.
Das kleine Stück Speck vom Abendbrot, damit mache ich mir die Nudeln zu einem fulminanten Speck – Nudeln – Gericht.
Weiterlesen hebe ich mir auf, für die Zeit nach dem Hofgang.
Warum nur haben sie mich erneut befragt? Warum auch nach allen Geschwistern?
Ist Maximilian schon da?
Den Familienpfiff? – Geht jetzt nicht. Am Ende des Ganges beginnt schon das Riegelschnappen für den Hofgang.
Ich freue mich auf die Sonne.
Es sind nie andere Gefangene zu sehen, wenn ich auf den Flur komme.
Wir gehen die Treppen hinunter, auf den Hof. Heute habe ich eine andere Zell-Wabe. Eine ganze Seite Sonne. Ich laufe, schwenke die Arme, versuche ein Stück zu rennen.
Dann lehne ich mich an die Mauer, halte das Gesicht in die Sonne, schließe die Augen. Es wird warm, und in den Augen rot und bunt.
Schnell ziehe ich mein Hemd aus und lehne mich wieder an.

Es ist so schön, diese Wärme, das Licht, und über mir diese unendliche Ausdehnung.

Ich glaubte bei der Vorbereitung, ich wüßte was es heißt, eingesperrt zu sein.
Ich wußte es eben doch nicht!
Die Zelle ist ein enger Käfig. Ich muß meine Muskeln heftig anspannen, um sie zu fühlen und dann zu entspannen, damit ich nicht plötzlich in weißer schäumender Wut gegen die Wände trete.
Ich nehme meinen Kopf zwischen meine Hände und halte mich selber fest.

Abends, immer noch keine Antwort auf den Familienpfiff.

Zur Sicherheit noch einmal ganz ganz laut: Familienpfiff. – Nichts.
Keine Antwort.

Die Nacht ist lang, unruhig meine Gedanken.
Bin bei Maximilian. Bin bei Renate. Bin bei Gudrun.
Was soll werden? Noch ist alles harmlos, noch bin ich bei den freundlichen Ungarn. Was wird, wenn ich zur Stasi überstellt werde?
Draußen die Stadt, innen Stille.
Ich wasche mich wieder kalt, um schlafen zu können.

Schon diktiert die Monotonie des Gefängnisses meinen Rhythmus – vor dem ersten Riegelschnappen für's Frühstück bin ich bereits wach.
Voller Energie stehe ich auf. Waschen, Gymnastik und dann Nichts.
Ich muß passiv bleiben. Warten auf diesen süßen Malzkaffee, warten aufs Weißbrot, warten auf die Zeit, die nicht vergeht.
Ganz flach lege ich mich auf den Boden, strecke alle Viere weit von mir und atme.

Was ist mit mir? Werde ich das durchstehen? Kann man dabei verrückt werden? Verrückt werden ist nicht nur Krankheit, sondern manchmal auch einfach nur eine Entscheidung.

Ich kann nicht schon frühmorgens in mein Buch flüchten. Das muß noch liegen bleiben, für die wirklich schweren Stunden.

Ich halte das nicht durch, nehme schon das Buch, aber zwinge mich dabei, es noch einmal von vorne zu lesen, nur nicht gleich weiterlesen.

Martin und Johannes werden Freunde.

Kantor Kannengießer, Pastor Breithaupt – ich nehme alles noch einmal Wort für Wort in mich auf.

Deutscher Verlag Berlin 1937 – woher das Buch wohl stammt und wie es in die Gefängnisbibliothek gekommen ist? Alles in Frakturschrift.

Die heile Pommern-Welt und die feine Ironie, noch ganz ohne den überall betonten Klassenkampf, machen mir großen Spaß.

Ich sehe vor meinem inneren Auge den Film mit Theo Lingen.

Bleiern vergeht die Zeit.

Morgens sind jetzt mehr Essensklappen zu hören. Weitere Flüchtlinge? Ob Maximilian dabei ist?

Der Tagesablauf – alles schon Routine. Die Geräusche des Gefängnisses, mir vertraut.

Ich warte auf den Abend. Jetzt ist das Warten doppelt lang.

Hofgang – heute vor dem Essen. Leichter Regen.

Beim Hochkommen sehe ich zum ersten Mal jemanden anderen als den Polizisten. Ein alter Mann bohnert den langen Flur. Er bohnert nach einer Richtung und schiebt so den Bohnerbesen nur auf einer kleinen Fläche hin und her. Da war ich bei den langen Kasernenfluren, im ersten Drittel der Armeezeit, als Sprutz, als ich noch Bohnerdienst hatte, besser: Ich nahm den Stiel des Bohnerbesens, stellte mich in die Mitte des Ganges und schwenkte dann den Bohnerbesen mit Schwung erst in eine Richtung, zog zurück und ließ ihn an mir vorbei gleich noch in die andere Richtung durchsausen. So hatte ich bei halber Kraft doppelte Fläche. Ich wechselte damals immer nach 10-mal den Arm – war so geübt, daß ich den Abstand zur Scheuerleiste immer ganz knapp hielt.

Gerne hätte ich ihm den Trick gezeigt.

Soll ich mit mir selber wetten, ob es wieder Nudeln mit Marmelade gibt?
… es gibt Nudeln mit Marmelade …

Satt, mit den Nudeln im Magen, nehme ich meine „Heiden von Kummerow" und lege mich aufs Bett.
Auch mit langsamem Lesen und mir laut Vorlesen … Abends zur Essensausgabe bin ich schon durch.
Abendessen, dann Ruhe, noch ab und zu einmal eine Klappe. Dann endgültig Ruhe.
Es müßte jetzt so zwischen 20:00 und 21:00 Uhr sein.
Ich probiere es:
Erst mal etwas auf die Lippen beißen, damit sie weich werden und gut durchblutet sind. Noch etwas anfeuchten und dann versuche ich ganz ganz laut diese kleine Melodie aus einer Bachkantate, unseren Familienpfiff, zu pfeifen.
Etwas schief und falsche Töne – eine Antwort. Dann noch einmal laut und klar unsere kleine Melodie.
Ich rufe laut: „Maximilian!!"
„JA!"
Sofort poltert es laut den Flur entlang. Der Polizist schimpft auf Ungarisch.
Ich hänge mich unter den Wasserhahn und trinke. Mir ist flau.

Nachtruhe.
Er hat es auch nicht geschafft.
Sie machen das Licht aus.
Wie ist ihm zumute?
Was könnte ich tun?

Der nächste und die weiteren Tage vergehen mit Essen, Waschen, Lesen, Laufen, Warten, Dösen, Träumen, Gymnastik, Warten, Essen, Schlafen, Warten, Träumen, Waschen.

Ich verfalle öfter in Tagträume – bekomme Übung, meinen Geist anzuregen, mir Geschichten zu erträumen.

Ich stelle mir nicht vor, daß ich jetzt über etwas nachdenken muß, sondern folge einfach meinen Gedanken.

Wie im Kino sitze ich und schaue den Film in mir an.

Denke ich aber an die Enge der Zelle, an die unabsehbar lange Zeit, die diese Zellentür für mich geschlossen sein wird, dann explodiert alles.

Mein Gehirn sträubt sich, ruhig zu bleiben. Mein Körper folgt dem Gehirn und dann muß ich auf, muß mich ständig bewegen.

Von dieser Schiene komme ich nur weg, wenn Freigang, Essen oder sonst etwas passiert und damit meinen inneren Krampf unterbricht.

So vergehen die Tage.

So vergehen drei Wochen.

Allabendlich unser Ritual: Familienpfiff und die Antwort. Immer nur einmal.

Das Zeitgefühl ist mir völlig abhanden gekommen. Habe auch keine Ahnung mehr, welcher Wochentag ist. Mit meiner Strichliste bin ich schon nach einer Woche nicht mehr zurechtgekommen. Mir war an mehreren Tagen nicht mehr klar, ob ich den Strich schon gemacht hatte oder nicht. Also habe ich es gelassen.

Wieder Frühstück.

Dann ändert sich das Tagesprogramm. Heute ist etwas anders.

Sie fangen an, wie beim Hofgang, alle Zellen nacheinander aufzumachen.

Sie machen sie aber nicht mehr zu, das Schließgeräusch der Riegel fehlt.

Auch die Schritte der Gefangenen sind etwas anders. Fremde Geräusche dabei. Ich presse mein Ohr an die Tür.

Da geht meine Tür auf: „Buch abgeben!" Der vernehmende Polizist ist mit dabei.

„Nehmen Sie Ihre Waschsachen". Er hat meine kleine Reisetasche hinter sich auf einem großen Rollwagen. Ich stecke meine Waschsachen hinein.

„Sie fliegen jetzt nach Ost-Berlin."

Mit meiner Tasche über dem Arm geht es ins Erdgeschoß. Wir gehen an einer Pförtnerloge vorbei. An der Wand hängt ein Abreißkalender. Das Kalenderblatt zeigt den 20. Juni. Weiter hinten sind kleine graue Blechzellen, ca. 60cm x 60cm und 3 Meter hoch.

In eine der Zellen muß ich hinein. Tür zu.

Als die Schritte der beiden Polizisten weg sind, pfeife ich. Antwort kommt sofort – Maximilian ist auch schon da.

„Hey!" rufe ich. „Hast Du nicht was vergessen?"

„Was?" antwortet Maximilian

„Was … was schon?" rufe ich. „Es ist der 20. Juni. Ich habe heute Geburtstag!"

Wir müssen etwas warten, der Schließer bringt gerade wieder einen Gefangenen.

„Alles Gute – Erdbeertorte gibt es aber keine."

Wir müssen wieder still sein.

Es dauert ca. eine Stunde, dann sind alle Gefangenen unten. In der kleinen Blechzelle ist es brütend heiß.

Das Türschließen geht von vorne los.

Meine Tür geht auf. Ich muß heraustreten, meine Tasche über die Schulter hängen und bekomme Handschellen angelegt.

Wir gehen durch eine kleine Tür in den Innenhof. Ein großer gelber Ikarus-Bus. An der Tür steht ein Mann, der mich in Empfang nimmt.

„Einsteigen!" Befehlston – Deutsch – kein Zweifel.

Er dirigiert mich auf einen Platz, nimmt mir von einem Handgelenk die Handschellen ab und verbindet es dann mit seinem Handgelenk.

Ich sehe, daß alle so sitzen. Dort vorne, drei Reihen vor mir Maximilian. Er dreht sich zu mir um, wird aber sofort gezwungen, sich wieder umzudrehen.

Es geht durch die Stadt zum Flughafen.

Endlich mal wieder was zu sehen. Bäume, Menschen, Autos, normales Leben.

Wir passieren einen Schlagbaum und fahren auf einer Seitenstraße aufs Rollfeld, direkt neben eine kleine Illjuschin. Schon mit Düsen und nicht mehr Propeller bestückt.

Rüde am Arm zerrend, führt mich mein Begleiter ins Flugzeug. Nach dem Start öffnet er die Handschellen.

Wir fliegen – ich vermute, das Ziel ist Berlin-Schönefeld oder vielleicht Erfurt?

Es ist mein dritter Flug – ich genieße das Fliegen.

Budapest bleibt unter uns. In meinen Ohren knackt es. Wir steigen.

Gesprochen wird nichts. Maximilian kann ich nicht sehen, habe ihm aber beim Einsteigen zugenickt, worauf mein Bewacher sofort heftig an den Handschellen gerissen hat.

Auf der Armbanduhr meines Begleiters sehe ich, daß wir schon ca. 90 Minuten unterwegs sind, als der Fluglärm plötzlich vollständig erstirbt. Totenstille, wie ein Segelflugzeug gleiten wir im steilen Sinkflug dahin.

Das Flugzeug fällt und fällt und fällt.

Ich habe Angst.

Es fällt immer weiter. Was die anderen machen, kann ich nicht mehr wahrnehmen. Mir ist so schlecht.

Wir fallen durch die Wolken.

Die Erde kommt immer näher.

Ich kann Häuser erkennen.

Mit ebensolcher Plötzlichkeit, wie der Fluglärm erstorben ist, brüllt er jetzt mit viel viel größerer Heftigkeit wieder auf.

Ein kurzer harter Ruck, eine Bremsung, daß ich gegen den Vordersitz gedrückt werde – wir stehen.

Meine Ohren schmerzen. Alles an mir zittert.

Kauen und schlucken soll helfen. Ich drücke mit den Fingern die Ohren zu und puste so kräftig ich kann von innen gegen meine Ohren.

Ich bekomme keinen Druckausgleich hin.

Heftiges Stechen im Ohr.

Befehlston!

Ich muß aussteigen.

Unten an der Gangway steht ein W-50 mit Kastenaufbau. Eine kleine Tür mit Trittleiter an der Seite. Befehlston! „Einsteigen!"

Ich muß dort hochklettern und in eine Zelle hinein, in der ich weder stehen noch sitzen kann. Es ist so eng, daß ich mich halb gebückt, mit den Knien an der Tür und dem Rücken an der Hinterseite abstütze.

Meine Hände mit den Handschellen nehme ich als Stütze, damit der Kopf nicht so hart gegen die Tür gelehnt ist.

Kleine Lüftungsschlitze oben und unten helfen nicht viel. Nach kurzer Zeit sind die Wände naß. Ich schwitze.

Endlich fahren wir los. Es geht nicht sehr sanft zu, die Schüttelei will kein Ende nehmen.

Nach einer halben Stunde etwa, Halt und der Motor wird abgestellt.

Häftling um Häftling holen sie uns hier heraus. Immer voreinander abgeschirmt. Wahrscheinlich bin ich im Hinterhof der Normannenstraße. Das alte Gestapo-Hauptquartier, jetzt Stasi.

Ein Innenhof, alles ist grau. Ich sehe fast nichts. Ein Gang, ein Paar Ecken, eine sehr hohe schmale Zelle – graugrün, blinde Scheiben an dem kleinen Fenster oben unter der Decke. Neonröhre unter der Decke.

Wortlos schließt er meine Zellentür zu.

In meiner Zelle nur ein Hocker, ein kleiner Tisch an der Wand festgemauert. Das Bett hochgeklappt und festgeschlossen.

Keine Ahnung, was nun kommt. Ich habe Kopfschmerzen, in meinen Ohren ist immer noch heftiges Stechen.

Ich setze mich auf den Hocker. Warten. Ich trinke aus der Leitung Wasser. Wasche mir das Gesicht. Kein Handtuch. Seit dem süßen Frühstücksmalzkaffee habe ich nichts mehr bekommen.

Die Türen der Nachbarzellen werden geschlossen. Nach vielleicht einer Stunde werde ich abgeholt. Es geht in einen großen Raum. Nackt, kahl, nur zwei Tische, ein Stuhl.

„Gefangener Theodor Koch ausziehen!"

„Sachen hier auf den Tisch!"

Alles wird auseinandergenommen. Umgedreht, untersucht. Auch ich. Muß mich dann zuletzt noch tief bücken.

„Anziehen!"

Zurück in die Zelle.

Sie haben also doch herausbekommen, wer ich bin. War zu erwarten.

Wieder höre ich regelmäßiges Riegelschnappen und das Klappen der Essenluke.

Jetzt bin auch ich dran.

Kartoffeln, Rotkohl und Soße. Ein einziger Matschbrei.

Ich habe einen Mordshunger: endlich mal keine Nudeln mit Marmelade – welch eine kulinarische Abwechslung.

Wenn in dem riesigen Topf mit Rotkohl nur diese einzige Nelke gewesen wäre … sie landete auf meinem Teller.

Ich muß sogar laut lachen, als ich sie mir aus dem Mund pule.

Schon geht das Riegelschnappen schon wieder los. Eine halbe Stunde raus, Laufen im Hof wäre schön. Bin gespannt, wie der Hof hier ist.

Schnapp-Schnapp! Meine Zellentür öffnet sich.

„Raus!"

„Gesicht zur Wand!"

Die Zellentür wird wieder verriegelt.

„Los, vorwärts!" Er lotst mich zum Hof. An jeder Zwischentür muß ich mit dem Gesicht zur Wand vorher und nachher stehenbleiben, während die Tür auf- bzw. zugeschlossen wird.

Im Hof steht ein Barkas B1000 mit einem festen Aufbau.

Darin winzige Zellen – ich muß in den Aufbau einsteigen. Wieder kann ich weder stehen noch sitzen.

Zwei Gefangene werden gebracht, dann fahren wir los.

Familienpfiff – Antwort – Maximilian ist auch da.

Stadtverkehr, dann Autobahn – der gleichmäßige Rhythmus der Nahtstellen der Fahrbahnplatten. Ich habe Bauchschmerzen. Verfluchtes Essen. Immer nur Stopf Stopf. Woran erkenne ich Skorbut? Es ist so dunkel, ich sehe nur einen kleinen Lichtschimmer oben am Luftschlitz.

Ich schließe die Augen.

Im Ohr habe ich das Kommandobellen der Stasischließer. Wieviel normaler war doch der Umgangston in Budapest. Ich hörte dort immer ein wenig die alte K. u. K. Monarchie. Hier bellt nur der Kommandoton. Haben alle Beteiligten ihre Menschlichkeit abgeben und sind zum Zahnrad im Räderwerk verkommen? Glauben, so ihren Dienst am besten zu erfüllen?

Warum wird nur die Befehlskette in Deutschland so viel weniger hinterfragt, als anderswo? Warum ist sie so oft Lebensinhalt und Maß aller Dinge?

Preußische Tugenden als entartete Fratze, vergewaltigt durch braunen und roten Totalitarismus.

Meine Ohren hören nicht auf zu stechen. Der Pilot war vielleicht ein Militärflieger und hat sich mit uns einen Spaß erlaubt.

Ich rufe Maximilian, er antwortet, aber sofort brüllt ein lautes „Ruhe!" dazwischen. Meine Versuche, irgendeine Muskelgruppe zu entspannen, führen dazu, daß ich mich immer stärker verkrampfe. Hier ist es schon für normalgroße Menschen zu eng und nun ich. Ich versuche mich zu entspannen, indem ich an alle Muskeln sende: entspannen. Mit den Zehen fange ich an und arbeite mich hoch. Es funktioniert!

Meine Körpergröße war schon immer mein Problem, überall bin ich aufgefallen. Jeder Lehrer kannte zuerst meinen Namen. Schon immer überragte ich meine Mitschüler um Haupteslänge.
Einer der Aspekte, warum ich anders bin.
Ein weiterer, mein Elternhaus. Wie stolz war ich, als ich in der ersten Klasse am 3. Schultag heimkam. Ich hatte von meiner Klassenlehrerin Frau Player, ein Antragsformular für die Jungen Pioniere bekommen. Wir sollten es zu Haus unterschreiben lassen und morgen wieder mitbringen.
Ich kam heim, sah Vater vor dem Kachelofen im Wohnzimmer, anheizen. Er las den Zettel, zerknüllte ihn, warf ihn ins Feuer und sagte mir: „Wir machen bei so etwas nicht mit". Damit war mir klar, wir sind anders. Ich bin anders! Ich gehöre nicht dazu. Das machte mich traurig.
Aber am anderen Tag in der Schule war ich schon ein kleines bißchen stolz, als ich auf die Frage nach meinem Antrag antwortete: „Wir machen bei so etwas nicht mit!" Von 31 Schülern waren wir drei, die bei den Jungen Pionieren nicht mitmachten.
Das alles und dazu später das Hänseln meiner Mitschüler bewirkte, daß in mir eine Kraft wuchs, das alles zu überstehen und zu akzeptieren, anders zu sein.

Eine heftige Kurve reißt mich aus meinen Gedanken. Die Fahrbahngeräusche wechseln, wir rattern über Kopfsteinpflaster. Wenn wir nach Erfurt unterwegs sind, dann müßte das jetzt am Hermsdorfer Kreuz die Abbiegung Richtung Erfurt/Eisenach sein. Hier auf meiner Stammstrecke kenne ich jedes Schlagloch, jede Kurve und Steigung.

Da schaltet der Fahrer auch schon einen Gang zurück, es geht stark bergauf. Wir sind am Jenaer Stich. Also Erfurt oder Eisenach? Mal sehen. Das Motorbrummen ist nicht mehr so gleichmäßig die Thüringer Berge: bei Apolda bergab, bei Magdala bergauf, Weimar, die Russenausfahrt Nohra, danach das lange neue Stück, schon Asphalt, keine alten Platten mehr. Wieder Wechsel des Fahrbahnbelags. Eine enge Kurve, wieder Kopfsteinpflaster – wohl eine Ausfahrt. Wir fahren also ab. Das könnte Erfurt-Ost sein.

Jetzt Stadtverkehr, ich höre Straßenbahngeräusche – also doch Erfurt.

Meine Gelenke und Muskeln, alles taub. Ich beginne wieder mit der Minimalgymnastik von den Zehen aufwärts. Meine Ohren stechen immer noch.

Wie in Ost-Berlin, so werde ich auch hier in einem dunklen Hinterhof ausgeladen. Fast nichts kann ich erkennen. Roter Backsteinbau, vergitterte Fenster, Stacheldraht auf den Mauern. Zwischen dem Barkas B1000 und der Tür sind nur 2 Meter Abstand. Mir schmerzen meine Knie.

Wir werden wieder einzeln und abgesondert aus dem Wagen herausgeholt. Über einige Gänge, Türen und Treppen geht es in eine kleine Zelle. Drei Betten, Eisenbetten, identisch, wie bei der Armee. Ein Doppelstockbett und daneben noch ein einzelnes Bett, kein richtiges Fenster, Glasbausteine mit einem Schlitz für die Luftzirkulation. Bettwäsche auch wie bei der Armee: kleine weißblaue Karos. Ein Hocker, der Tisch an der Wand festgeschraubt, ein eingemauerter Spiegel und das Klo in der Ecke.

Die Tür hinter mir schnappt zu. Beide Riegel und der Schlüssel zweimal. Wenn ich nur wüßte, wie spät es ist. Ich lege mich auf den Boden und mache vorsichtig gymnastische Dehnübungen.

Kein Licht, durch die völlig vergilbten Glasbausteine dringt es nicht durch.

In die Fensteröffnung hinein sind Backsteine aus Glas zu dreiviertel der Höhe hochgezogen. Etwas versetzt, gibt es von oben eine

Gegenmauer. Sie überlappen sich und so entsteht ein Schlitz, durch den ich einen Luftzug spüre. Hinaussehen kann ich wegen der verwellten Oberfläche der Glasbausteine nicht.

Ich stelle mich unter das Fenster und versuche, mit der Hand in den Spalt zwischen die Backsteine zu kommen. Ein klein wenig gelingt mir das. Ich hole mir Klopapier, mache es an der Wasserleitung naß und versuche, damit die Glasbausteine zu reinigen. In dem kleinen Halbkreis, dessen Radius sich aus der Länge meines Unterarmes ergibt, gelingt mir eine kleine Aufhellung.

Ich höre die Essensausgabe, wie sie von Zellentür zu Zellentür vorankommt. Weißbrot mit Speck???

Was kommt, ist deutsches Essen: Stullen, Aufschnitt, Margarine. Ein großer Becher heißer Pfefferminztee.

Hunger habe ich immer – egal in welcher Gemütslage ich gerade bin. Ganz im Gegensatz zu vielen Anderen, habe ich bei Kummer immer sehr großen Hunger. Satt werde ich heute hier nicht.

Ich lege mich aufs Bett. Schließe meine Augen. In meinem Kopf kommt die sanfte Melodie von Cherubin hoch: „Sagt holde Frauen, die ihr sie kennt, sagt ist es Liebe, was hier so brennt?"

Mein Querflötenlehrer hatte sie mir schon als Hausaufgabe zum Üben mitgegeben und später Gudruns Liebe zu „Figaros Hochzeit", da haben wir die Aufnahme mit Hermann Prey und Anneliese Rothenberger und der Staatskapelle Dresden unter Otmar Suitner so oft gehört, daß diese Melodie endgültig in mein Gedächtnis eingebrannt ist.

Jetzt kommt sie hoch und macht mich melancholisch und traurig. Nein, ich bin nicht melancholisch, ich bin fix und fertig und alles an mir zittert.

Oh Scheiße, wie hatte ich nur glauben können, ich stehe das durch.

Es ist nicht nur das Eingesperrt sein, auch immer diese Stille. Auf den Fluren sogar Teppich, damit man die Schritte der Schließer nicht hören kann, wenn sie sich anschleichen, um unbemerkt durch den Spion zu schauen.

Bitte – ist da niemand, der einfach mal Musik auflegt?

Oh Scheiße, mir fehlt die Musik.

Jetzt laut!!! J.S. BACH!! Das Doppelkonzert mit Igor und David Oistrach. Oder – oh Scheiße – einfach Vivaldi. Vielleicht „Der Sommer". Violinen klingt, tobt für mich – spielt mir „Der Frühling", damit ich Kraft bekomme, das hier zu überstehen.

Ich kann nicht mehr auf dem Bett liegen. Stehe auf und krächze, singe schief und krumm und voller Wut: „Will der Herr Graf ein Tänzchen wohl wagen, dann mag er`s mir sagen, dann spiele ich ihm auf.".

Meine Wut sitzt viel tiefer als Figaros Ärger über seinen intriganten Graf.

Ich bekomme Angst vor mir – meiner Erregung – ich könnte mit dem Kopf gegen die Wand rennen.

Ich lege mich flach auf den Boden, Arme und Beine weit ausgestreckt, das Gesicht nach unten und versuche, einfach nur zu atmen.

Ich zittere! Ich muß mich beherrschen, kann nicht losschlagen, lostrommeln, losbrüllen.

Was soll nur werden, wenn ich jetzt schon keine Kraft mehr habe?

Atmen – atmen – atmen.

Nackte blanke Angst, wie soll ich das durchstehen? Diese Wände! Diese Tür!

– „Theodor – Beherrschung – Theodor!" –

Gesicht auf den Boden.

Arme und Beine weit, weit weg.

Atmen

Atmen

Atmen

Irgendwie Äonen später:
Meine Erlösung kommt durch die Essensklappe. Ich bekomme
mein Waschzeug!

Beim Waschen schaut mich aus dem Spiegel ein fremder Mann an.
Grau im Gesicht, tiefliegende Augen, hohl.
Mein 22. Geburtstag: heute Morgen noch in Budapest, später
Todesangst, der qualvolle Transport in der engen Blechkabine und
jetzt schlafen in Erfurt in einer Stasi-Zelle.
Wie geht es Maximilian?
Ich lege mich ins Bett. Da geht auch schon das Licht aus.

Ganz andere Geräusche dringen zu mir vor. Eine Kirchturmuhr
schlägt halb.
Warum habe ich die nicht schon früher wahrgenommen?
Halb was – Vielleicht zehn?
Eine Straßenbahn quietscht um eine Kurve. Das Rauschen einer
Großstadt ist hier nicht. Zwischen den Geräuschen ist Ruhe.
Der Familienpfiff! Ganz aus der Nähe.
Ich springe mit einem Satz zur Tür und antworte.
Noch einmal höre ich Maximilian pfeifen.
Es schlägt dreiviertel.

In meine Zelle kommt das kalte Restlicht einer Außenbeleuchtung.
Ein kleines Geräusch an der Tür. Ich sehe noch, wie sich das kleine
Schutzblech vor dem Spion schließt.
Wie lange der Schließer wohl schon hereingeschaut hat?

Mein Eisenbett quietscht bei jeder Bewegung. In mir ist soviel Unruhe. Ich hätte jetzt gern ein Bier zum Einschlafen. So drehe ich mich noch ein paar Mal um.

Sogar das Auf- und Zuschlagen der Essensklappe klingt härter, aggressiver als in Budapest.
Frühstück? Da bin ich wohl doch eingeschlafen.
Malzkaffee, zwei Stullen, Margarine und ein Klecks Marmelade auf einem Teller durch die Klappe gereicht.
Besser auf jeden Fall, als dieser irre süße Malzkaffee.
Ich genieße die ersten Schlucke.

Mit richtigem Hunger esse ich alles auf. Könnte noch viel mehr vertragen.
Meine Zellentür wird geöffnet.
„Heraustreten – hier hin – Gesicht zur Wand!"
Ich stehe einen Meter links neben meiner Zellentür und sehe aus dem Augenwinkel, wie der Schließer die Zellentür zumacht, aber dabei nur einen Riegel zuschiebt. Dann, den Gang entlang, dort wieder eine Tür und an jeder Tür die gleiche Prozedur: Neben der Tür stehen bleiben, Gesicht zur Wand, warten bis sie geöffnet ist, dann durchgehen und erneut mit dem Gesicht zur Wand warten, bis wieder verschlossen ist.
So geht das über einige Gänge und eine Treppe höher.
Dann stehe ich wieder neben einer Tür und warte. Der Schließer klopft.
„Herein!"
Ich höre seine Hacken schlagen.
„Genosse Leutnant, bringe Gefangenen Koch zum Verhör."
„Herein mit ihm. Danke."
Der Schließer weist mir einen Platz in der Nähe der Tür zu.
Der Raum ist klein und trist eingerichtet. Honecker an der einen Wand, ein Ehrenzeichen an der anderen.

Brauner Linoleumboden, am Fenster ein tiefgrauer Store, rechts und links eine Blumengardine als Abschluß.

Der Schreibtisch, ein einfacher Bürotisch aus Holz, wie wir ihn auch in der Schreibstube bei der Armee hatten.

Ein kleines Regal mit Büchern.

Alle Bücher haben den gleichen Buchrücken. Das sind wohl Dienstanweisungen?

Ich stehe auf meinem Platz an der Tür. Der Leutnant, ca 30 Jahre alt, blond, schlank, nimmt mich nicht weiter wahr.

Er liest weiter in einer Akte, raucht dabei eine „Juwel" und blättert ab und zu um.

Wir hatten über die Verhörmethoden der Stasi oft gesprochen. Das Spiel: „guter Polizist – schlechter Polizist" war uns als Methode bekannt.

Ich nahm mir vor, Beleidigungen nicht als solche zu werten, sondern hinter ihnen den Sinn zu erkennen, mich zu verunsichern und zum Reden zu bringen.

Ich hatte viel zu verlieren. Republikflucht war klar. Das wollte ich ja auch, um dann freigekauft zu werden. Aber wenn sie uns Gruppe nachwiesen, das hieße für Maximilian und mich – aber daran darf ich jetzt nicht denken. Optimistisch sein!

Hoffentlich steht Maximilian das auch durch!

Ich stehe und lächle freundlich. Schneide heimlich, wenn er nicht aufschaut, heftige Grimassen, damit sich dadurch meine Gesichtsmuskeln entspannen und danach mein Lächeln offen und echt wirkt.

„Hinsetzen!"

„Hände unter die Oberschenkel stecken!"

Fast ganz an der Wand, weitab von seinem Schreibtisch steht ein einfacher Holzstuhl.

Brav und lächelnd tue ich, was er befiehlt und setze mich dorthin.

Warum ich mich auf meine Hände setzen muß verstehe ich nicht.

„Name – Vorname?"
Ich bleibe bei meinen Antworten ruhig und lasse diese überflüssige Fragerei nach Adresse, Alter, Beruf etc. über mich ergehen.
Als ob er nicht genau wüßte, wer ich bin.

Nach langem Schweigen, währenddessen er wieder in seiner Akte liest, greift er ganz beiläufig zum Telephon: „Gefangenen Koch bitte abholen!"

Zurück in der Zelle werde ich kurze Zeit später zum Freigang geführt.
Auch hier ist der Innenhof wabenförmig aufgeteilt. In eine dieser Waben werde ich eingeschlossen und bin froh, meiner Unruhe durch Bewegung nachgeben zu können. Ich hetze fast mehr im Kreis bzw. in meinem Dreieck, als daß ich gehe.
Es ist ein Machtspiel, was er mit mir spielen will.
Ich werde meine Unsicherheit überspielen müssen. Mir nur nichts anmerken lassen.
Ich brauche ein Requisit, damit ich was in den Händen habe, an dem ich mich festhalten kann, wenn ich den souveränen Theodor schauspielere.
Mit diesem Gedanken im Kopf komme ich zurück in die Zelle.
Fühle mich als Häftling schon als ein „Alter". Das Schließen und Klappern der Essensausgabe bringt mich nicht mehr aus der Ruhe.
Freue mich auch nicht über die dadurch eigentlich willkommene Abwechslung in der Monotonie der Zellwände.
Außerdem bin ich mit meinen Gedanken einfach sehr stark beschäftigt und spüre deswegen um mich herum das Gefängnis nicht.
Essen, genau wie gestern, nur das Kraut ist diesmal weiß.
Ich setze mich auf meinen Hocker und schlinge es geradezu in mich hinein.
Warum dieser Hunger?
Warum diese Hast?

Erschrocken stelle ich meinen leeren Teller zur Seite. Mit dem Rücken lehne ich mich an die Frontseite des Eisenbettes. Nicht sehr bequem, aber so habe ich wenigstens eine Lehne.

Ich schrecke auf, als meine Zellentür lautstark geöffnet wird.

Bin doch kein „Alter Hase", sonst hätte mich das nicht aus der Ruhe gebracht.

In der Tür steht der Schließer, der mich auch zum Verhör brachte.

„Einkauf!"

„Wenn sich die Zelle öffnet, hat sich der Gefangene sofort neben das Bett zu stellen!"

Ich stehe auf und trete in den schmalen Gang zwischen die Betten und stelle mich an das Fußende meines Bettes.

„Einmal in der Woche haben Sie die Möglichkeit zum Einkauf."

Er dreht sich halb zur Seite und zeigt auf einen kleinen Rollwagen.

„Zigaretten, Zahnpaste, Seife, Haarwaschmittel und Äpfel, Birnen und Zitronen".

Dann wieder zu mir gewandt.

„Der Leutnant hat Ihnen von Ihrem Geld 10 Mark genehmigt."

„Zwei Schachteln Juwel (macht 5 Mark) und für das restliche Geld bitte Zitronen."

Er gibt mir die Zigaretten und sagt dazu: „Wenn Sie Feuer brauchen, klopfen."

Dann gibt er mir noch drei Zitronen auf die Hand.

Mir fällt ein, daß ich auch Zucker brauche. „Zucker?"

„Den bekommen Sie so, bringe zur Kalten was mit."

Die Bettwäsche, die Betten, die Möbel, der Schnitt der Uniformen, die Bezeichnungen, alles wie bei der Armee.

„Fertig?"

Ich nehme mir schnell eine Zigarette aus der Packung.

„Feuer bitte!"

Er kramt eine Schachtel Streichhölzer aus der Tasche, gibt mir Feuer und steckt die Streichhölzer wieder ein.

In Budapest hatte ich meine eigenen Streichhölzer. Mir soll es egal sein, wenn er jedesmal kommen muß. Mit den zwei Schachteln muß ich bis nächste Woche hinkommen.

Im Laufe des Nachmittags muß ich noch dreimal klopfen.

Meine Gedanken kreisen um den Leutnant und um Maximilian, ob er es schafft, sich nicht hereinlegen zu lassen.

Ein Requisit: ich brauche ein Requisit …

Mit der Kalten kommt auch ein Marmeladenglas voll Zucker, dazu ein Alubesteck: Messer, Gabel und ein Löffel.

Ich lasse alles erst mal stehen. Beschäftigung ist so rar, die muß ich mir aufheben und so die tote Zeit in erträgliche Abschnitte unterteilen.

Das Licht wird eingeschaltet – es könnte so gegen sechs sein. Was ist heute eigentlich für ein Wochentag?

Vier Wochen bin ich nun schon drin. Kein richtiges Zeitgefühl mehr.

Ich nehme mir das Essen und danach eine Zitrone.

Aus Horatio Hornblowers Reisen (C.S. Forester) wußte ich, Gefahr für meine Gesundheit droht eigentlich nur durch Skorbut und dem kann ich mit Vitamin C begegnen.

Seit meiner Verhaftung habe ich keinerlei Obst oder Gemüse mehr bekommen.

Die Zitronen im Einkauf, wahrscheinlich, damit die Ware Häftling nicht vor dem Verkauf verdirbt.

Licht an, das ist morgens. Warmes Essen, das ist mittags, Kalte abends und Licht aus ist nachts.

Wann ist Sonntag, wann Montag?

Eigentlich gut, wenn mein Gefühl dafür verloren gegangen ist. Bei der Armee wußten wir immer exakt, wann es vorbei ist, wieviel Tage es noch bis zum Entlassungstag sind.

Beim Einschlafen wurde der Tag als geschafft von der noch zu leistenden Dienstzeit abgezogen.

Mit der verbliebenen Tageszahl im Kopf erwachte man.

Da habe ich es jetzt besser, da ich nicht weiß, wie lange es dauern wird. Wahrscheinlich, wie bei Friedrich-Ernst, nur 15, vielleicht auch 20 Monate, aber bestimmt nicht zwei Jahre.

Das Licht wird ausgeschaltet.

Ich lege mich ins Bett.

Ich habe 18 Monate Armee überstanden, das hier werde ich auch durchstehen.

Der erste Monat ist schon geschafft.

Klappenschlagen – das Frühstück kommt.

Routine.

Waschen.

Sport.

Auf dem Hocker sitzen …

Ich höre mich selber. Mein Blut, meinen Magen, meine Backenknochen knirschen.

Er wird versuchen, mich unter Druck zu setzen.

Was ist das Schlimmste, das passieren könnte?

Gruppe, und dann vier Jahre bekommen.

Noch schlimmer: zurück in den Osten zu müssen – Knast alles umsonst.

Verhör Anfang

Da schlagen auch schon meine Riegel, ich stelle mich in den schmalen Gang zwischen die Betten.

„Heraustreten – Gesicht zur Wand!"

„Zur Vernehmung!"

Alles wie gestern: Gänge, Türen, Treppe, Meldung und sitzen auf den Händen.

Alles wie gestern.

Auch das ignorierende Wartenlassen!

Ich muß einfach darüber grinsen.

Ich bin nicht mehr unsicher wie gestern und mache auch keine heimliche Gesichtsgymnastik mehr.

Was er sich doch für eine Mühe gibt, mir zu imponieren.

Ich muß darüber einfach grinsen.

Genau jetzt schaut er von seinem Aktenstudium auf.

„Was haben Sie da zu grinsen?"

Ich mache mit dem Kopf eine schwenkende Bewegung: „Kein sehr schönes Büro, was man Ihnen da zugeteilt hat!"

Er schaut mich verblüfft an.

Treffer, denke ich.

„Ihnen wird das Grinsen schon vergehen!"

Und wieder vertieft er sich und tut so, als ob ich nicht da wäre.

Das Fenster steht leicht offen, aber ich kann außer einer roten Backsteinmauer in ca. 50 Meter Entfernung nichts sehen. Die Fenster gegenüber haben außen Gitter, und dann sehe ich auch diese Glasbausteine. Ob das wohl mein Zellentrakt ist?

Ich nehme mir vor, beim Rückweg durch die vielen Gänge und Türen mal richtig aufzupassen und zu sehen, ob es so ist.

Ignoranz beantworten!

Mit meinem Blick fixiere ich seine kurzen, militärisch geschnittenen blonden Haare und starre ihn direkt an.

Meine Spannung legt sich dabei vollständig.

Ich atme ganz ruhig.

Das hätte ich ohne diese Warterei nicht geschafft.

Der Leutnant spürt wohl meine entspannte Langeweile und daß ich nichts Ängstliches oder Gehetztes ausstrahle.

Vielleicht die Ursache, daß er jetzt seine Taktik ändert:

„Von den ungarischen Grenzsoldaten habe ich folgende Zeichnung Ihres Weges bekommen."

Er hält mir von Weitem ein Din-A4-Blatt mit einer Skizze eines Gebietes hin, was wohl Čerhov sein könnte. Darauf eingezeichnet die Grenze und eine gestrichelte Linie, wohl mein Weg.

Ich erkenne, daß ich schon ganz schön weit in Ungarn war.

„Was haben Sie dort gemacht?"

„Republikflucht!" antworte ich laut und ruhig.

„Sie wollten die Deutsche Demokratische Republik ohne Genehmigung verlassen?"

„Ja" erwidere ich, hole tief Luft und versuche weiterhin ruhig zu sprechen: „Ich habe vor einem Jahr einen Ausreiseantrag gestellt … der wurde nicht genehmigt, also habe ich einen 2. Ausreiseantrag gestellt. Der wurde nicht mehr bearbeitet. Daraufhin habe ich diesen Weg gewählt…

… und ich kenne den Weg, der mir bevorsteht, mit Knast und Freikauf."

Wir schauen uns nun direkt an und taxieren die Möglichkeiten.

Ich sage zu ihm: „Sie kennen bestimmt die Akte meines Bruders Friedrich-Ernst."

Er unterbricht mich und fragt: „Warum sind Sie mit ihrem Bruder zusammen gegangen?"

„Welchem Bruder?"

„Ihrem Bruder Maximilian?"

In mir schrillt meine Alarmglocke.

„Wieso mein Bruder Maximilian?"

„Tun Sie nicht so scheinheilig, Sie sind mit Ihrem Bruder zusammen aufgebrochen und haben Republikflucht begangen."

„Von der Flucht meines Bruders, wenn es denn überhaupt eine ist, da ich nicht weiß, was er überhaupt getan hat, habe ich keinerlei Ahnung."

Ich schaue ihm wieder direkt in die Augen und bin betont deutlich: „Ich war sehr überrascht, ihn im Flugzeug von Budapest nach Ostberlin zu sehen."

Er nimmt sich vier Bögen Papier und schiebt jeweils ein Kohlepapier dazwischen, dann klopfte er es zurecht und spannt es in die Schreibmaschine.

Ohne aufzuschauen beginnt er das alles zu tippen.

Auf einmal bietet er mir eine Zigarette an, dabei hält er mir die Schachtel über den Schreibtisch hinweg hin und gibt mir dann auch Feuer.

Er bedeutet mir, mit dem Stuhl heranzurutschen, damit ich an den Aschenbecher komme.

So vergeht über eine halbe Stunde.

Dann gibt er mir das Protokoll. Ich lese es durch und muß wieder grinsen, da sein Deutsch derartig gestelzt komisch ist: „durchquerte er den Fluß und lief auf das Gebiet der Volksrepublik Ungarn".

Obwohl ich mit der Interpunktion auf Kriegsfuß stehe und von den Kommaregeln eigentlich nur die Luftholeregel kenne, korrigiere ich, um mich einfach überlegen zu fühlen, in den Text an zwei Stellen ein Komma dazu.

Dann unterschreibe ich das Protokoll. Er besteht darauf, daß ich jeden Durchschlag extra unterschreibe.

Der Schließer holt mich ab.

Durch das ständige in den Gängen mit dem Gesicht zur Wand stehen, verliere ich jedoch die Orientierung und kann nicht genau sagen, ob meine Zelle in dem roten Backstein-Zellentrakt gegenüber ist, den ich durch das Fenster des Vernehmers sah.

65

Armee Erinnerung

Als ich wieder in meiner Zelle ankomme, fühle ich sogar ein klein wenig Geborgenheit.

Erleichtert höre ich hinter mir das metallische Doppel-Schließen des Schlüssels und das Schnappen der beiden Riegel.

Ruhe für mich. Jetzt keine Gefahr mehr.

Der Leutnant hier ist ein ganz anderer Typ als unser Zugführer Leutnant Rudi Gerbler, bei der Armee.

Rudi war ein Ehrenmann, gerade, aufrecht, überzeugt von dem, wofür er stand.

Er betrachtete alle Mißstände als leider gegeben, aber ebenso als überwindbare Hindernisse auf dem Weg zum Ideal, zum Kommunismus.

Er war natürlich den vorgegebenen Parolen verpflichtet. Ich sah es aber an seiner Mimik, als wir während der Ausbildung in Diskussionen über den Drill und das Exerzieren redeten. Seine Augen gaben uns Recht, wenn er auch das System verteidigte. Er überging unsere Fragen, wieso die Hemden und Socken im Spind wie mit dem Lineal ausgerichtet sein müssen. Dadurch lehrte er uns, es hinzunehmen, als Dinge, die man in der Maschinerie einer preußischen Armee hinnehmen mußte.

Ich erinnere mich an sein kurzes Lächeln, als am Anfang des letzten Drittels unserer Dienstzeit, während eines großen Kompanieappells, bei dem alle Soldaten des letzten Drittels vom Soldaten zum Gefreiten befördert wurden, es zu folgendem heftigen Vorfall kam:

Wir standen auf dem großen blankgebohnerten Flur, angetreten und ausgerichtet. Unser Kompaniechef, ein ewig betrunkener kleiner dickbäuchiger Major, hielt eine kurze Rede und überreichte den Soldaten einzeln den ersehnten Balken für die Schulter-klappen.

Ein ständiges Vortreten, Salutieren, Danken und wieder eintreten.

An mir ging es vorbei, ich wurde nicht aufgerufen.

Aber das konnte ich auch verstehen. Wenn ich mich anschaute, über 1,90 Meter groß, eher mager und dünn, die Schäfte meiner Knobelbecher bei Schuhgröße 47, viel zu weit für meine Waden.

Die Uniformjacke und Hose für einen zwar großen, aber stämmi-gen Mann geschnitten. Mein Uniformgürtel zog die riesige Jacke in der Mitte so zusammen, daß unten die Enden wie ein Röckchen seitwärts abstanden.

Deswegen wurde ich bei Paraden immer versteckt, in den Innen-dienst oder zum Kartoffelschälen abkommandiert.

Ich war enttäuscht. Der Dienstrang war mir wirklich wurscht, aber ein Gefreiter bekam 15 Mark mehr Sold. Schade.

Da trat der Spieß vor die Kompanie.

„Kompanie Stillgestanden!" kommandierte er.

„Genosse Koch vortreten!"

Erschrocken trat ich die vorgeschriebenen zwei Schritte vor.

Dann kam es wie ein Ausbruch brüllend aus ihm heraus:

„Genosse Koch, Sie sind der unmilitärischste Soldat, der mir je vorgekommen ist!"

Mit meiner Körpergröße war ich beim Marschieren Flügelmann vorne Rechts. Und der Spieß hat wohl geahnt, daß es nicht nur meine Körpergröße und deswegen kein Zufall war, daß meine Schrittlänge immer ein paar Zentimeter zu lang und meine Schritt-frequenz immer einen Hauch zu langsam waren, so daß unweiger-lich nach spätestens 20 Schritt die Kompanie aus dem schneidigen Tritt kam und ein Stolpern, wie ein Dominoeffekt von vorne nach hinten durch den Gleichschritt durchlief.

Und da es schon allzuoft passiert war, durfte ich dann, wenn mein Zug zur Essensausgabe marschierte, hinter der Kompanie ohne Tritt folgen.

Welch ein Anblick: ein Zug marschierender Soldaten, und da trottet einer hinterher.

Welche Blamage aus der Sicht eines Feldwebels.

Ich war ihm wohl ein schrecklicher Dorn im Auge, und das hatte ihn zu diesem Ausbruch gebracht.

In den Augen von Leutnant G. sah ich ein kleines kurzes fröhliches Blitzen. Dann war er wieder todernst. Er hat wohl als Einziger erkannt, daß ich mich gerade riesig gelobt fühlte, daß ich gerade für die ganze Schmach und Erniedrigung, auf dem Exerzierplatz mit der Hand die letzten Blätter aufsammeln zu müssen, oder die Bordsteine frisch weiß kalken zu müssen, nur weil ein Oberst zur Parade kam, entschädigt wurde.

Ich hörte hier, vorgetreten vor der gesamten Kompanie, im Brüllton, daß ich Mensch geblieben war, Mensch geblieben, in einer preußischen Armee-Maschinerie!

„Genosse Koch wieder eintreten!"

Auf meinem Gesicht spüre ich das gleiche Lächeln, was mich damals überkam.

Meine Situation wird mir wieder bewußt; ich lande hart in meiner Zelle.

Meine heimliche Flucht durch den Hinterausgang des Träumens, schon wieder vorbei.

Das Kaliber vom Leutnant hier, ist ein ganz anderes. Er ist ein böser Mensch… Sonst wäre er nicht bei der Stasi. Nur böse Menschen überstehen die Aufnahmeprüfung zur Stasi.

Was soll ich tun?

Ich habe keine Erfahrung mit dem Denken von bösen Menschen.

Ich habe Angst vor dem, was er mit Maximilian tun könnte.

Diese Gedanken treiben mich hoch, die Zelle ist mir zu eng, ich gehe zum Fenster und halte meine Nase an den Lüftungsschlitz.

Ich habe erlebt, mit welcher Ernsthaftigkeit die Bäume um den Exerzierplatz geschüttelt werden, damit ja kein Laub mehr herabfällt und dann der ganze riesige Platz mit dem Rechen akkurat in eine Richtung gerecht wird, so daß auf dem Sand eine einheitliche Musterung zu sehen ist, da wird man ruhiger, läßt sich nicht mehr von Uniformträgern und deren aufgeblasener Art aus der Ruhe bringen.

Das ist eine Kraft, die ich gewonnen habe, weil ich es gelernt habe, ruhig zu bleiben, wenn ich zuschaue oder auch mitmachen muß, wenn ein riesiges System mit aller Kraft Schwachsinn produziert.

Wie könnte ich ihm Kraft und Gelassenheit in seine Zelle senden, damit er auch ruhig bleibt, sich nicht provozieren läßt?

Er ist 18 Jahre und vier Wochen alt. Ich bin schon 22 Jahre alt und habe durch die Armeeerfahrung gelernt, meine Seele zu schützen.

Lange stehe ich am Lüftungsschlitz und grüble.

Die Kalte kommt – Stulle, Margarine, 2 Scheiben Aufschnitt.

Schlafen im quietschenden Eisenbett.

Was habe ich meinem Bruder angetan?

Großer Bruder

Das Klappen der Essensausgabe weckt mich.
Mein Kopf ist schwer, die Gelenke tun mir weh.
Wohin habe ich nur meinen Bruder verschleppt. Welches Recht habe ich, zu denken, daß mein Weg auch richtig für ihn sei?
Ich hab ihm das Mopedfahren beigebracht und vielleicht noch vieles andere auch.
Aber jetzt habe ich ihn hierhergebracht.
Er ist mir vielleicht gefolgt, weil ich eben sein großer Bruder bin.
Jetzt sitzt er auch hier hinter einer dieser Zellentüren und hat vielleicht nicht genug Kraft, seine Seele abzuschotten.
Liegt hier auch der Schlüssel, warum mich mein großer Bruder zurückgelassen hat?
Die Armee hat mich hart gemacht, Dinge hinzunehmen und Dinge zu ertragen.

Heute Freigang direkt nach dem Frühstück.
Ich stelle mich in die Ecke und lehne einfach nur meine Stirn an die Wand.
Gefängnis, auch wenn Ostdeutschland sowieso als ein großes Gefängnis zu betrachten ist, Gefängnis bedeutet nicht nur Verlust meiner Bewegungsfreiheit, sondern es schränkt meine Sinne ein, nimmt mir das Riechen, das Schmecken, das Hören, das Licht.
Ich muß mir das irgendwie zurückerobern.
Es ist schon am Morgen sehr warm, es wird ein wunderbarer Sommertag.
Gymnastik – Dehnen – Strecken und einfach mein Gesicht in die Sonne halten.
Das Licht genau wahrnehmen und genießen.
Nach dem Freigang werde ich sofort zur Vernehmung gebracht. Es geht um meinen Lebenslauf.
Erstaunlich, daß da vier Seiten zusammenkommen.

Als ich in die Zelle zurückgebracht werde, steht das Essen schon
da. Kartoffeln, Kraut und ein Gehacktesklops. Ist heute Sonntag?
Ich muß überlegen, kann aber nicht genau sagen, welcher Wochentag ist.
Habe ich seit der Ankunft drei oder schon viermal geschlafen?

Bücher

Auf dem Flur Geräusche. Da in der Mitte des Ganges ein Kokos-
läufer liegt, der alle Schritte dämpft, höre ich nur das Quietschen
eines Rollwagens und in regelmäßigen Abständen das Schlagen
einer Klappe.
Jetzt war es an meiner Nachbarzelle. Ich lege das Ohr an die Tür,
kann aber nichts verstehen.
Meine Zellentür geht auf, ich stelle mich in den Gang zwischen die
Betten.
Der Schließer erscheint. Hinter ihm steht ein Bücherwagen.
„Donnerstags ist Buchausgabe."
Aha, also ist heute Donnerstag.
Er dreht sich um, nimmt zwei vorbereitete Bücher vom Wagen
und gibt sie mir.
„Keine Eselsohren machen!"
Tür zu, er zieht weiter.
Ich bin überrascht, mit Büchern hatte ich nicht gerechnet. Aber
leider nur zwei schmale Bücher: Christa Wolf: „Nachdenken über
Christa T." und Günter de Bruyn: „Buridans Esel".
Buridans Esel nehme ich mir zuerst. Die Geschichte vom Esel, der
verhungert, weil er sich zwischen zwei Heuhaufen nicht entschei-
den konnte.

Ich habe das Buch schon gelesen und wir hatten es im Hospiz heftig diskutiert. Bei Trudchen – im Hospiz – unser Refugium.
Das Hotel und die Gaststätte gehörten zur Kirche. Die Gaststätte
wurde abends von Trudchen geführt. Sie war eine alleinstehende
ältere Dame. Der Schankraum war sehr gemütlich. Drei große

Fenster zur Grimmelgasse hin, die auf halber Höhe eine dicke Messingstange hatten, an der an Ringen weiße Gardinen aufgehängt waren.

Die Tische hatten Damasttischdecken. Eine Holztäfelung an der Wand ringsum, etwa 2 Meter hoch. Darüber weiße Wände, an denen Wartburgbilder hingen.

Tagsüber war hier eine normale Speisegaststätte. Rouladen mit Thüringer Kloß und Rotkraut, Schnitzel, Kottelett oder nur Bockwurst mit Kartoffelsalat.

Das Herzstück, der Tresen, war klein und unscheinbar in einer Ecke. Hinter ihm stand Trudchen, und da unser Tisch gleich neben ihrem Tresen stand, lauschte sie immer den Gesprächen.

Wir waren für sie auch nicht ihre Gäste, sondern ihre Kinder.

Wenn wir zu forsch diskutierten, dämpfte sie uns mit einem ängstlichen Psssst und dem Zeigefinger vor den Lippen oder machte eine hinweisende Bewegung, wenn jemand Fremdes in den Gastraum kam.

Wir waren alle Kinder von Kirchenleuten und einfach freier im Reden, da unsere Eltern mit ihren Karrieren nicht von der SED abhingen.

Wir tranken ausschließlich Bier. Wein, das war nichts für uns.

Die Bockwurst konnten wir abends auch noch bekommen.

Hier diskutierten wir auch über Günter de Bruyn. Ich hatte ihn verteidigt, daß er die Dinge jetzt beim Namen nennt, aber eben zum Verschleiern vor der Zensur, Parteibonzen handeln läßt. Die anderen – sie hatten Recht, wie ich später auch sah – sagten, daß er nur einer aus der Horde der geifernden Parteischreiberlinge sei, im Westen gedruckt, weil er den Sensationsbonus bekommt, ein Ostdeutscher, der einen aufmüpfigen Gedanken an der Zensur vorbeigeschmuggelt hat.

Solche Bemerkungen, wenn sie bekannt würden, konnten auch noch kurz vor dem Abitur den Raußschmiß aus der EOS bedeuten.

Aber das focht mich auch damals nicht mehr an, vor Repressalien hatte ich keine Angst mehr, meine Situation war schon damals eindeutig.

Die Zulassung zur Erweiterten Oberschule EOS, der Ernst-Abbe-Schule, war mir, nachdem ich die Zusage schon hatte, wieder verweigert worden.

Mein Freund Frieder, mit dem ich zur gleichen Stunde im gleichen Raum geboren wurde, wie meine Mutter sagte, daß seine Mutter mir nie verzieh, daß ich mit meinem Geschrei sie aus ihren Nachwehen geschreckt hatte, mit dem ich beim gleichen Lehrer Querflötenunterricht hatte und mit dem ich in einer Mannschaft Tennis spielte, er bekam jetzt meinen Platz – nachdem er erst abgelehnt worden war.

Wie ich später bröckchenweise erfuhr, liefen da hinter den Kulissen Telephonanrufe vom Landeskirchenamt zum Schulamt. Mein Vater hat da nicht mitgetan: man arbeitet nicht mit dem Staat, mit Stasi und SED zusammen, um für die Kirche etwas herauszuholen. Indem man sie als Verhandlungspartner anerkennt, stärkt man erst ihre Position. Deswegen lehnte er die Haltung von Landesbischof Mitzenheim ab, der sogar für seine Zusammenarbeit mit der SED vom Staat einen Orden bekam.

Und mein Vater intervenierte nicht für mich via Bischof beim Schulrat.

Statt Abitur und Tierarztsehnsucht absolvierte ich eine Lehre zum Zerspanungsfacharbeiter im VEB-AWE, obwohl ich eigentlich, wenn schon Lehre, dann lieber eine Buchhändlerlehre in Leipzig machen wollte.

Wieso das so gegen meine Wünsche, an mir vorbei passierte, kann ich nicht erklären. Das ist so über mich gekommen.

Das ist einfach so passiert.

Ich war noch nicht wach, war noch Kind.

Fremdgesteuert.

In meiner Hand halte ich immer noch das Buch von Günter de Bruyn. Wenn es eine Bücherliste „Schade ums Papier" gäbe, dann gehörte dieses Buch unbedingt mit drauf.

Mit diesem Buch kann man sich den ganzen Tag versauen. Sitze im Gefängnis und denke, wie man sich den ganzen Tag versauen kann. Na, meinen Humor habe ich wenigstens nicht verloren.

Ich versuche mit dem Buch in der Hand, als Verlängerung und noch dazu vorne im Buch eingeklemmtem Klopapier, den Schlitz zwischen den Glasbausteine zu reinigen. Dann mache ich noch Kniebeugen und Liegestütze und dann, dann, dann … nehme ich doch schon das andere Buch und fange an zu lesen.

Welch ein Sommer. In meiner Zelle schwitze ich, daß mir der Schweiß herabläuft, ohne daß ich mich bewege.

Ich bin nun schon vier oder fünf Wochen in Einzelhaft.

Wenn ich jetzt auch keine Blumenwiese, Heu oder die frische Luft eines Waldsees riechen kann, so will ich doch das, was ich habe ausnutzen und riechen.

Mein Essen riecht nicht. Ich halte meine Nase direkt über den Teller. Die Kartoffeln müssen ja nicht duften, wie bei frischen Thüringer Klößen, aber sie müssen doch nach Kartoffeln riechen!

Ich rieche nichts.

Das Kraut – es riecht nach nichts.

Ich stelle mich ans Fenster und errieche die Luft – nichts.

Über die Kartoffeln streuen sie immer eine riesige Menge Kümmel drüber, den ich wegen dieser Unmenge zur Seite an den Tellerrand pule. Ich nehme mir etwas von diesem Kümmel und reibe es zwischen meinen Händen – nichts, kein Kümmelgeruch.

Ich nehme mir vor, meinen Geruchssinn mir ständig bewußt zu machen.

Zum Freigang, wie riecht das Treppenhaus, wie der Innenhof, wie riecht die Luft.

Zur Vernehmung, wie riecht das Büro, wie riecht der Schließer.

Auf dem Flur höre ich regelmäßiges Schließen. Es ist aber kein Essen, keine Bücher, kein Freigang?
Jetzt schnappen auch meine Riegel. Der Schließer steht an der Tür.
„Nehmen Sie Ihre Waschsachen – freitags ist Duschen."
Er führt mich den Flur entlang, ganz ans Ende. Dort ist eine Zelle zur Dusche umgebaut, in die er mich einschließt.
„Sie haben 10 Minuten, dann drehe ich das Wasser wieder ab."
In der Zelle sind an einer Wand drei Brausearme angebracht und gegenüber stehen drei Hocker – ansonsten ist es völlig leer. Das Fenster auch aus undurchsichtigen völlig vergilbten Glasbausteinen. Armaturen sind keine an den Brausen. Der Boden ist gefließt und hat in der Mitte einen Abfluß. Plötzlich geht das Wasser an. Ich ziehe mich schnell aus und lege meine Sachen auf den Hocker. Meine erste Dusche seit Wochen. Ich genieße das Wasser auf der Haut eine Erfrischung bei dieser Hitze, und Haarewaschen mit warmem Wasser. Schnell seife ich mich ein. Mein Duschgel aus dem Intershop riecht frisch. Also rieche ich doch etwas.

Ein Pochen gegen die Tür: „Beeilung!"
Ich spüle die Seife ab, da versiegt auch schon der Wasserstrahl.
Ich trockne mich ab, ziehe meine Häftlingskleidung wieder an, die Tür geht auf, ich trete heraus, Gesicht zur Wand, warten bis die Tür zu ist, dann Gang entlang zu meiner Zelle und schnapp schnapp, sind die Riegel wieder zu.

Spiegel:
Ach, heute Duschen, also ist Freitag, morgen Sonnabend und dann Sonntag – wahrscheinlich zweimal kein Verhör.
Zwei Tage mit nichts – nur Warten. Warten auf? … daß was passiert!
Ich kämme mir vor dem Spiegel die Haare, dabei sehe ich, wie schon vor zwei Wochen, diesen mir auf einmal so fremden Typen.

Wie er mich anschaut – sein unsicher-verlegenes Grinsen!

„Wer bist Du?"

„Weiß nicht …"

Und dabei kommt er mir immer näher, bis sich unsere Stirnen berühren.

Kühl, ruhig, hart — es steigt in mir wieder dieses Würgen auf, ich schlucke, es nützt nichts, es würgt und die Augen sind schon voller Tränen.

Ich schaue den Typen wieder an – sein verzerrtes Gesicht, als ob er weinen möchte aber nicht kann.

Es soll mich nicht wieder umhauen – ich will nicht wieder am Boden liegen! Ich wende mich ab und suche rückwärts meinen Schemel, setze mich, lehne mich an das Fußende des Bettes und schließe die Augen.

Zeit vergeht – ich atme – atme – a t m e.

Als ich meine Augen wieder öffne, ist die Zelle kleiner geworden.

Der Schlüssel dreht zweimal und auch Schnapp Schnapp die Riegel. Endlich Freigang.

Hoch die Arme und herunter in die Knie. Hui – ich schnelle mich mit Schwung von einer Mauer ab, um gegenüber an der anderen anzustoßen und abzuprallen. Wie ein verschlagener Ping-Pong-Ball pralle ich zwischen den Wänden hin und her.

Immer wieder – immer wieder. Rums an die Schulter – gegenüber – rums an die andere Schulter.

Das tut weh, und das tut gut!

Zurück in der Zelle wasche ich mein Gesicht und sehe dabei im Spiegel nur noch einen kleinen Rest von Verzweiflung in meinen Augenwinkeln.

Unerbittlich diese Macht, dieser Zustand, diese Wände, diese Tür.

Unerbittlich, diese Zeit und das nicht wissen, was wird – und wann?

In Budapest habe ich mir aus Brot und Papier ein Mühlespiel gebastelt. Das half mir über den zähen Zeitbrei, wie eine lindernde Narkose hinweg.

Ich baue mir jetzt wieder eines.

So zergliedere ich den Tag in überstehbare Abschnitte.

Es ist Montag.

Waschen, Frühstück, Warten … Mühlespielen …

Dieses plötzliche schußartige Schnapp-Schnapp der Riegel. Reflexartig stehe ich wieder sofort neben meinem Bett. Es geht zum Verhör.

Unterwegs auf dem Gang, beim Warten mit dem Gesicht zur Wand denke ich bitter: „Was für ein Staat. Was erlauben die sich, mit mir zu machen?!"

Da sitze ich brav still, die Hände unter mir und schaue dem Leutnant zu, wie er mich wieder mit Ignoranz versucht, unsicher zu machen.

Natürlich wird er irgendwann etwas sagen – aber dann bin ich doch überrascht, als er es auf einmal wirklich tut, da dieses langanhaltende Schweigen eine sehr unnatürliche Situation ist.

Wie bei meinem Lebenslauf, reicht er mir vier Bögen Papier auf einer Schreibunterlage mit Bleistift, über seinen Schreibtisch gestreckt, hin.

„Schreiben Sie die Namen aller Ihrer Freunde auf!"

Er bietet mir dazu eine seiner Zigaretten an. Ich greife zu, bekomme, indem ich mich halb erhebe und zum Schreibtisch beuge, ein Streichholz hingehalten. Natürlich will er alle Namen unserer Trudchenrunde, denke ich mir.

Er will wissen, wen ich kenne, mit wem ich Kontakt habe, wer meine Freunde sind. Irgendwas ist immer dabei, was er an Information gebrauchen könnte. „Das kannst Du haben!" denke ich und mache mich an die Arbeit und schreibe ihm eine vollständige Liste mit allen Namen meiner Klassenkameraden aus der Lehrzeit auf und dazu noch die Namen meiner Stubenkameraden aus der Armeezeit.

Mit erfreutem Gesichtsausdruck nimmt er meine lange Liste entgegen. Ohne sie anzuschauen, werde ich sofort zurück in meine Zelle gebracht.

Freigang …
Kraut – Kartoffeln – Soße …
Lesen …
Träumen …

…warum sehe ich beim Leutnant das Lächerliche an seiner Wichtigkeit?

Warum sahen meine Klassenkameraden nicht diesen ständigen schleichenden unterschwelligen Versuch der Erniedrigung?

Eingesperrt sein in einem Land, ist eine Erniedrigung!

Daß man die ganzen Parolen nachplappern muß, ist eine Erniedrigung!

Daß bei einem Schutzwall vor äußeren Feinden die Minen innen liegen …

…

Ich bin aufgebrochen, mich von diesen Erniedrigungen zu befreien.

Aber, war ich nicht schon früher frei, weil ich mich verweigerte?

Hatte ich mich nicht schon lange vorher aus dieser Situation befreit?

War nicht der Auslöser das Verbrennen des Antrags auf Beitritt zu den Jungen Pionieren durch meinen Vater?

Danach war ich Außenseiter …

… aber hat mich das nicht auch davor bewahrt, vereinnahmt und abhängig zu werden?

Meine Klassenkameraden sind erpreßbar. Ich bin nicht mehr erpreßbar! Will er mir mit Gefängnis drohen? Unwillkürlich muß ich darüber laut lachen.

Ich muß dem Leutnant klarmachen, daß ich keine Angst habe – vor dem, was er mir antun könnte. Dann kann er mich nicht mehr zurück nach Eisenach entlassen.

Dann kann ich in den Westen und bin frei!

Aber ich bin doch jetzt schon frei, weil ich es sehe und bereits auf dem Weg bin.

Ich bin im Knast freier als die anderen draußen.

So aufgewühlt, muß ich vom Hocker aufstehen und trete vor den Spiegel.

Ich fühle mich stark, aber aus dem Spiegel blickt mir wieder ein Gesicht voller Angst entgegen.

Erniedrigung und Freiheit!

Ich hatte endlich Worte, eine Formulierung für meine Situation gefunden, und kann den Schmerz erklären, den ich auf der Wartburg spürte, wenn ich gen Westen geschaut habe.

Ich bin frei, weil ich es sehe, weil ich meine Unfreiheit beschreiben kann.

Ich fühle mich nicht mehr so eingesperrt.

Das Leben findet nicht nur draußen statt, es geht auch hier drinnen weiter und es bleibt nicht stehen. Es ist mein Leben und auch heute das bohrende Stechen in mir, das ist mein Leben, ob draußen oder drinnen!

Aber sie haben mich nicht nur in diese dunkle Zelle gesperrt, damit ich nicht weglaufe, sondern die eigentliche Strafe ist, daß ich am Leben, am Lebensgenuß nicht teilhaben kann.

„So schnell lasse ich mich von denen auch damit nicht erniedrigen!"

„Ich werde einfach den Lebensgenuß in mein Denken verlagern!"

Das nehme ich mir vor und schiebe den Gedanken, den Schmerz: „… sie bestehlen mich um ein Stück Lebenszeit" weit, weit weg.

Darüber schlafe ich ein und empfinde dabei meine Zelle als nicht mehr so eng und klein.

Zigarettenerpressung

Morgenroutine, das Frühstücksgeschirr ist gerade erst weg und schon wieder Schnapp-Schnapp die Riegel, da holt mich schon der Schließer zum Verhör.

Bestimmt will der Leutnant die Liste meiner Freunde mit mir durchgehen.

„Hinsetzen!" schnaubt er los, kaum daß ich den Verhörraum betreten habe.

Er läuft hinter seinem Schreibtisch auf und ab, bleibt mit dem Rücken zu mir vor dem Fenster stehen. Dann dreht er sich um. Zorn im Gesicht.

„Wenn Sie glauben, sie können hier tricksen, haben Sie sich getäuscht."

„Sie bleiben in Einzelhaft, bis alle Fragen geklärt sind."

„Sie haben ab sofort Rauchverbot!"

Er nimmt den Telephonhörer und immer noch sehr laut: „Gefangenen Koch abholen!"

Und wieder zu mir: „Bis morgen bekomme ich eine Liste aller Ihrer Freunde."

Der Schließer bringt mich zurück. Vor meiner Zelle, als ich auf das Öffnen der Tür warte, sehe ich in einem kleinen Kästchen neben der Tür meine bereits herausgeholten Zigaretten. Auf dem Tisch liegen Papier und Bleistift.

Da ist nicht mal der Hauch eines Gedanken, die Namen unserer Trudchenrunde aufzuschreiben.

Er wird sie sowieso alle kennen, aber ich werde sie ihm nicht bestätigen!

Wieder eine Erniedrigung, er versucht mich zum Denunzianten zu machen – NIE!

Nach Essen und Freigang setze ich mich hin und schreibe alle Namen meiner Klassenkameraden aus der Schule auf. Das nimmt den ganzen Nachmittag in Anspruch, bis ich mich an alle erinnert habe.

Am Morgen beim Verhör reiche ich meine Blätter über den Schreibtisch.

Daraufhin bietet er mir mit einem freundlichen Grinsen eine Zigarette an. Stark ist mein Ziepser, habe ich doch seit gestern keine Zigarette mehr geraucht.

Wie ich es in meiner Zelle geübt hatte, sage ich jetzt ruhig und klar: „Danke nein, ich rauche nicht mehr!"

Erstaunt schaut er erst mich an, dann auf die Liste, greift zum Telephon und läßt mich abholen.

Ich fühle, daß ich auch damit eine Runde gegen ihn gewonnen habe.

Zurück in meiner Zelle bin ich ganz euphorisch. Es ging um meine Ehre, meine Ehre vor mir selber.

Ich bin stark – ich werde das alles überstehen!

Den Versuch, noch einmal in Günter de Bruyns: „Buridans Esel" zu lesen, breche ich ab. Das Buch ist einfach zu dämlich. Aber weil ich nun nichts zum Lesen habe, bringt es mich auf eine Idee, wie ich mir ausreichend Lesestoff besorgen kann.

Ich brauche einfach ein richtig dickes Buch.

Und außerdem tut es gut, statt zu warten, bis einem etwas gewährt wird, selber zu fordern.

Heute ist Dienstag. Erst am Donnerstag ist wieder Buchausgabe. Was soll's. Laut klopfe ich an die Zellentür.

Nach einiger Zeit geht die Essensklappe auf. Ich sehe vom Schließer nur den Bauch und daß am Spion die Klappe zur Seite geschoben wird.

„Was wollen Sie?"

„Ich will eine Bibel!"

„Eine Bibel?"

„Ja, eine Bibel!"

Ohne irgendwas zu antworten schließt er die Klappe und verschwindet. Von mir, einem Pfarrerssohn werden sie annehmen, ich sei religiös.

Freigang …
Kraut Kartoffeln Soße …
Mühle …
Träumen … Nachtruhe

Gleich nach dem Frühstück geht es wieder zum Verhör. Auf dem Weg durch die Gänge ist mir etwas mulmig zumute. Ich befürchte, der Leutnant flippt heute ganz aus. Was, wenn er mir auch die Bücher wegnimmt?
Ich trete ein, der Schließer zeigt auf einen Stuhl und bedeutet mir, daß ich mich setzen soll.
Der Leutnant liest und schaut nicht mal auf. Ich bin es schon gewohnt, diese Warterei auf dem Stuhl, bis die Hände einschlafen.
„Heute möchte ich mich mit Ihnen darüber unterhalten, wieso Sie nach der BRD ausreisen wollen."
Was soll das? Keine Bemerkung wegen der Namen und Adressen. Er bietet mir auch keine Zigarette an. Eine neue Taktik?
„Ich will nicht nach Westdeutschland, sondern hier weg, ich will aus Ostdeutschland ausreisen!"
Wieder tut er so unbeteiligt und schreibt seine Notizen vor sich hin.
„Warum wollen Sie aus unserer Deutschen Demokratischen Republik ausreisen?"
Was er kann, kann ich schon lange. Diese langen Pausen, um Unsicherheit zu erzeugen.
Ich muß in Ruhe nachdenken.
Was will ich?
Nirgendwo in diesem Staat kann man seine Meinung frei sagen. Immer die Angst, von der Staatssicherheit abgeholt zu werden und

ins Gefängnis zu müssen. Zwei Jahre für § 105 staatsfeindliche Hetze oder oder oder…

Hier und heute könnte ich endlich offen alles aussprechen, ohne Angst ins Gefängnis zu kommen. Ich bin im Auge des Sturms – einen freieren Ort, seine Meinung zu äußern, gibt es nicht!

Aber es hat keinen Sinn, mit einem Leutnant der Staatssicherheit über Politik zu diskutieren.

Er will mit mir nicht diskutieren, sondern nur meine Meinung protokollieren.

Wenn ich ihm gegenüber meine Meinung vertreten würde, sowie ich es bei Trudchen tat, daß man eine gute Idee daran erkennt, daß sie sich entfaltet ohne äußeren Zwang dazu zu brauchen?

Wie abscheulich es ist, für den Endsieg des Klassenkampfes, so viel Leid anzurichten?

Oder soll ich ihm erklären, daß es eine Ethik der Ehrfurcht vor dem Leben gibt?

Nein – zwecklos! In seinem Kopf sind Schablonen und Parolen. Ich will nicht mich erklären, das habe ich ihm gegenüber nicht nötig.

Er muß nur kapieren, daß ich, wenn er mich aus der Haft zurück nach Eisenach entläßt, mit meiner dann offeneren Art zu reden, ohne Angst vor Repressalien, für ihn eine Gefahr darstellen werde, weil Mut ansteckend wirkt.

„Eine Gesellschaftsidee, bei der man die Bevölkerung einsperren muß, damit sie nicht wegläuft, ist schlecht und zum Scheitern verurteilt!" Sage ich ruhig und laut.

„Und wenn Sie mich zurück in IHREN Staat entlassen, werde ich keine Angst haben, das laut auszusprechen!"

Ich freue mich, daß es mir gelungen ist ohne Timbre in der Stimme mein wohl stärkstes Argument auszusprechen.

Er zeigt keinerlei Reaktion, schreibt einfach weiter seine Notizen.

„Was finden Sie an der BRD besser als an unserer Deutschen Demokratischen Republik?"

„Ich kenne die Bundesrepublik nicht. Habe ich gesagt, daß ich sie besser finde? Ich will von HIER weg, Sie können mich auch nach Italien oder Frankreich entlassen. Ich weiß nur, daß dort alle weltweit frei reisen können."

Ich mache eine Pause hole ein paar mal ruhig Luft.

Es ist zum Piepen, wie wir so unterschiedliches Vokabular benutzen. Er mit dem staatlich verordneten üblichen BRD und die DDR immer mit Unsere-DDR, als ob sie ihm gehörte und ich immer darauf bedacht, nicht eine einzige dieser staatlich verordneten Vokabeln zu benutzen.

„Ich habe die Bundesrepublik Deutschland als Ausreiseziel angegeben, weil ich dort meine Verwandtschaft habe und außerdem bleibe ich so in Deutschland."

Jetzt hat er doch aufgeschaut und mustert mich.

Schweigen.

„Wie kommen Sie zu den DM 70,--"

„Ich habe vor Brünn einem Mann geholfen seinen LKW zu reparieren und bin dann auch lange gefahren. Als Dank gab er mir das Westgeld."

Wie gefährlich habe ich mir die Stasi vorgestellt mit Niedertracht, Heimtücke, Gewalt und jetzt erweist sich alles völlig durchschaubar und harmlos.

Oder läßt er mich in Ruhe, weil er seinen Erfolg bei Maximilian sucht?

Den Jüngeren, den Schwächeren angreifen?...

Sind wir unwichtig? Oder schon prominent? Die Koch-Brüder?

Oder macht man Ware nicht kaputt, die man verkaufen möchte!

„Ich möchte einen Rechtsanwalt sprechen!", unterbreche ich die Stille.

Da lächelt er ironisch: „Zur Verhandlung werden Sie einen haben".

Greift zum Telephon und läßt mich zurück auf die Zelle bringen.

Entschluß

In meiner Zelle, auf meinem Hocker, angelehnt an die Wand und einen Arm, wie auf einer Sessellehne, auf die Bettkante gelegt, lasse ich das Verhör Revue passieren.
Nein, für mich geht vom Leutnant keine Gefahr aus.
Wenn Maximilian sich richtig verhält, wird er uns die Gruppe nicht nachweisen können.
Die Gefahr ist die Zelle, wie verändert sie mich?
Kein richtiges Licht, dieser zähe Zeitbrei und nicht zu wissen, wie lange das noch dauern wird, dazu mein ständiges Grübeln.
Werde ich, wenn ich hier wieder herauskomme noch der sein, der ich jetzt bin, ohne Macke im Kopf?
Trage ich dann vielleicht ein weiteres Brandmal auf meiner Seele?
Mensch zweiter Klasse und auch Knastbruder mit Knastmacke?
Um mich herum ist überall Lüge!
Eine einzige riesige Lüge!
Die ganze Gesellschaft ist verlogen.
Ich bin aufgebrochen, dieses verlogene Land zu verlassen, meine Freiheit zu erkämpfen.
Eine Lüge ist Angst vor der Wahrheit und beleidigt nicht nur den, der belogen wird, sondern viel mehr noch den, der belügt, weil der Lügner seine Selbstachtung, seine Ehre vor sich selbst, beschädigt.

Angst und Lüge sollen nicht mitbestimmen in meinem Leben und keinen Einfluß nehmen. Wenn dieses Eingesperrt sein einen Sinn erhalten soll, dann den, daß ich das erkenne und mein Leben vor dieser Beschädigung bewahre.
Ich möchte mein Leben hell und klar.
Ich möchte niemals lügen, nicht aus Bequemlichkeit oder Angst oder sonst irgendwofür und irgendwarum!
Ich möchte ein intensives Leben!
Jetzt kann ich es in einen Satz fassen: „Wahrhaft richtig frei sein heißt: ohne Lüge leben!"

Ich stehe auf und sage mir selber laut:
„Als was für ein Mensch ich auch immer hier wieder herauskomme, ich werde versuchen, wahrhaftig, aufrichtig und ehrlich zu leben, immer und ohne Ausnahme, und wenn es mal schwierig ist und die Lüge als der einfachere Weg erscheint, werde ich an diese Zelle zurückdenken und mein Leben vor dieser Erniedrigung bewahren.
Diese Zeit soll nicht umsonst durchlitten sein!

Das Klappen der Essensklappe holt mich wieder zurück.
Heute quält mich dieser ewige gleiche Pamps aus zermatschten Kartoffeln und Kraut. Ich habe Hunger, aber der vom Teller aufsteigende Dampf ekelt mich an. Ich schütte das Essen ins Klo. Mein Kopf ist leer – müde – kein Gedanke bildet sich. Ich lehne mich an die Wand. Eben noch hatte ich Kraft, war euphorisch – da kommen schon wieder diese Wände auf mich zu.

Freigang … leichter Nieselregen.

Wieder sitze ich auf meinem Hocker und warte – dumpfes Warten. Brüten – grübeln, aber kein klarer Gedanke – nur das langsame Kreisen eines Wortes „wie lange?".

Wände, Hocker, Tisch – Bett …

Abgeschottet. Nichts zu lesen, nichts zu erleben, bleierner Gedankenbrei. Vertrocknet mein Gehirn?
Wände, Hocker, Tisch, Bett – und dann nur noch ICH!
Eingesperrt, abgeschottet und dem Vertrocknen ausgeliefert.
Ich? – ein Stück Fleischmasse – nichts weiter.

Endlich wird das Kalte ausgeteilt.
Wie lange habe ich jetzt in die Luft gestiert? – kein Gefühl, apathisch!

Tage vergehen mit nichts. Warten, sitzen, brüten – Freistunde.
Keine Vernehmungen – keine Abwechslungen.
Dieser Zeitbrei.
War heute schon Freigang? — Nein?
Sitzen – waschen – am Fensterschlitz stehen – sitzen.
Eine Woche – heute Duschen?
Ich – eine Fleischmasse – ich? Mehr nicht!
Kraut Kartoffeln Soße …
Kraut Kartoffeln Soße …
Kraut Kartoffeln Soße …

Das Doppeldrehen des Schlüssels, dann das Schnappen der Riegel.
Ich stehe neben dem Tisch.
„Zum Verhör!"
Kaum daß ich sitze, teilt der Leutnant mir mit: „Die Grundvernehmung ist abgeschlossen. Sie dürfen einen Brief an Ihre Angehörigen schreiben. Eine Din-A4-Seite", greift zum Telephon und läßt mich abholen.
Und als der Schließer schon in der Tür steht: „Und schreiben Sie nichts von hier!"

In meiner Zelle finde ich auf meinem Tisch bereits Papier und einen Kugelschreiber vor.

Ich will keine Gefühlsduselei aufkommen lassen. Kurz und knapp:

Liebe Eltern,
mir geht es gut. Bin wohl auf und gesund. Macht Euch keine
Sorgen.
Ich lese viel und denke oft an Euch. Ich darf hier für 50 Mark ein
kaufen. Könntet Ihr mir bitte etwas Geld schicken.
Liebe Grüße
Euer Sohn Theodor

Uff-geschafft!

Nee, sieht doch zu mager aus:

Macht Euch wirklich keine Sorgen, ich bin stark! schreibe ich noch ganz groß darunter.

Dann bin ich wieder allein mit mir und den Wänden.

Ich will gerade in meinen Dämmer-Dösezustand absinken, als auf dem Flur wieder die Klappen zur Essensausgabe zu hören sind.

Bücherausgabe – ist schon wieder Donnerstag?

Dann ist endlich „Buridans Esel" von meinem Tisch.

Der Schließer legt mir zwei Bücher von Oscar Wilde „Das Erzählerische Werk", und „Das Bildnis des Dorian Gray", Insel-Verlag Leipzig 1976, in die Türluke.

Ich schnappe mir sofort den „Dorian Gray" und merke schon auf der ersten Seite, wie mir die Sprache unheimlich gut gefällt.

Bildhaft, aber nicht zu ausschweifend und viel Landschaft: Wiesen, Blumen, Sonne.

Bin so versunken, daß ich von den Geräuschen des Abendessens überrascht werde, als meine Klappe in der Tür aufgeht und der Schließer den Teller darauf abstellt.

Ich schmiere mir das Margarinebrot, darauf das hauchdünne Scheibchen Aufschnitt.

Dorian Gray geht in die Welt, die Sinne zu erkunden. Nichts und niemand erkennt er als Instanz an. Alles will er selber erfahren und testen.

Genau das ist es, was ich mir vorstelle. Immer wieder finde ich bestätigt, daß es normal ist, so die Welt, das Leben erforschen zu wollen. In mir sträubt sich alles, den Bonzen mit ihrer Schere im Kopf auch nur ein Jota Recht zu geben.

Die Menschheitsentwicklung unter dem Aspekt des Klassenkampfes zu sehen, ist nur ein Teil der Wahrheit. Von Spartakus über Thomas Müntzer bis in unsere Gegenwart. Alles mit Klassenkampf zu begründen, nein, das ist zu dürftig!

Es lebe Dorian Gray!

Ich lese daraus seine Sehnsucht, alles zu probieren. Sich nicht von einem Zensor vorschreiben zu lassen, was gut und was schlecht ist, und es selbst anzusehen – mit vollem Risiko. Das ist das Leben.

Und diese Zensoren, wie seinerzeit die Inquisition. Was anrüchig und verdächtig ist, setzen sie auf den Index und verbrennen es auf dem Scheiterhaufen.

Ach ihr Zensoren, so kleinkariert, Zensur schadet immer mehr, als sie nützt: Wahrheit läßt sich nicht unterdrücken und Informationen nicht verschweigen.

Wütend kaue ich auf meiner Stulle, bin erregt, als ob ich mit einem realen Gegner streiten würde.

Ach, Hammerschlag und Quaderstein, die Grundvernehmung ist überstanden. Was schießt mir ständig für ein Müll durch den Kopf! Mein innerer Monolog ist schon geprägt vom Kampf gegen sie. Ich bin doppelt gefangen: am Leib und auch mit meinen Gedanken.

Ich will selber entscheiden, worüber ich nachdenke. Verfluchte Grübelei – geh' aus meinem Kopf!

Die Bibel

Da schnappen die Riegel. Die Zellentür öffnet sich etwas, der Schließer tritt einen halben Schritt ein und hält mir ein Buch entgegen:
„Hier die Bibel", dreht sich um und schließt kommentarlos die Zellentür wieder ab.
Kein normaler Büchertausch, denn die Bücher hat er nicht mitgenommen.
Ich klopfe schnell an die Tür und er öffnet die Essensklappe: „Was ist noch?"
„Der Brief an meine Eltern ist fertig." sage ich zu ihm und reiche den Brief.
Er nimmt ihn wortlos entgegen und schließt die Klappe.
Ob das wohl alles einen Zusammenhang hat? Verhör-Ende, Brief schreiben und eine Bibel erhalten?

„Am Anfang war das Wort."
Das ist schon ein mächtiger Satz, stark wie dicke Kirchenmauern.

Ich will unvoreingenommen lesen. Nicht im Kopf nachträglich Partei ergreifen für oder gegen die Bibel.
Nicht innerlich die Begründung der Staatsbürgerkundelehrerin Frau Kelt widerlegen, weswegen die Bibel ein dummes, altes Buch ist: „Am Anfang schuf Gott Himmel und Erde." Die Schöpfungsgeschichte Wort für Wort interpretiert, als Geschichte zur Verdummung der Menschen von Gestern.
Die Menschen im Sozialismus sind befreit von der Verdummung des Mittelalters und der Unterdrückung im Kapitalismus.
Nein! auf diese nachträgliche Diskussion wollte ich mich nicht einlassen.
Nein! ich will keinen inneren Dialog mit dieser blöden Lehrerin führen.

Für mich ist die Bibel ein schön dickes Buch, mein Bollwerk gegen den Zeitbrei!

Keine Angst mehr davor haben zu müssen, nichts mehr zum Lesen zu haben!!!

Keine Angst mehr davor haben zu müssen, allein zu sein mit den Wänden und der Zeit.

Ich schlage sie auf und es öffnet sich, wie bei der Satirezeitung ‚Magazin‘ sich wegen der häufigeren Inanspruchnahme immer die Seite mit der Nackten geöffnet hat, so hier die Seiten mit dem Hohelied Salomos:

„Deine beiden Brüste sind wie ein Zwillingspaar junger Gazellen, die unter den Lilien weiden.“

Eine überirdische Poesie!

Ich will einfach lesen.

Der Spagat zwischen Elternhaus und Schule, er ist zu Ende. Sie nannten es Loyalitätskonflikt.

Ich muß nicht ständig mein Elternhaus gegen Anfeindungen verteidigen, muß nun nicht mehr blind Partei ergreifen.

Aber warum denke ich das „muß“ – es war keine Pflicht, es war mehr das Verteidigen, wie aus einer Wagenburg heraus, die ich jetzt verlasse.

Ich bin davon frei geworden …

Aber aber, schön langsam denken, Schablone wegtun: ich hatte doch keinen Loyalitätskonflikt!

Bin nur aus meiner Wagenburg herausgetreten.

Ist Kirche gut?

Mit Kirche habe ich nichts am Hut, die ist fast genauso dämlich wie die SED.

Erkennt man Jesus in der Kirche?

Eine Institution – und alle Pfarrer in Eisenach schämen sich, daß einer wie Moritz Mitzenheim Bischof geworden ist.

Der Rote Bischof, wie mein Vater spottete. „Man arbeitet nicht mit der SED zusammen, um der Kirche zu helfen. Dabei richtet man mehr Schaden an."

Glaube? Gott? Ach nee!
Im Vergleich zum Universum ist unsere Erde nicht mal wie ein Sandkorn in der Wüste, nein, noch viel, viel kleiner.
Unsere Erde erscheint so statisch, doch leben wir mitten in einer Explosion und fliegen mit irre hoher Geschwindigkeit auseinander. Und wenn die Explosionsenergie aufgebraucht ist, dann wird das irgendwann immer langsamer und in Äonen von Jahren erlahmt es ganz, dann zieht die Gravitationskraft alles wieder zusammen.
Und das beschleunigt sich dann immer und immer weiter, bis alles, mit fast Lichtgeschwindigkeit, wieder zu einem Klumpen von der Größe einer Streichholzschachtel in sich zusammenfällt … um dann wieder zu explodieren!
Da ist kein Platz für eine Seele. Meine Seele ist doch allein zum besseren Überleben der Art angelegt, ein Sinnesorgan, wie meine Augen und Ohren, nur eben der Sinn für den Gemeinsinn.
Da ist nichts Unsichtbares, was nach meinem Tod von mir weiterlebt oder womöglich noch einmal in einem anderen Körper wiedergeboren wird. Seele, das ist bloß ein Regulator, der unsere Aggression dämpft, sonst würden wir uns zerfleischen und selbst ausrotten. Wir sind nun einmal Raubtiere.

Aber man müßte doch das Universum verlassen können? Wenn wir vom äußersten Rand des Weltalls, direkt zum Zeitpunkt der Maximalausdehnung, abspringen, könnten wir das Universum verlassen und zu einem anderen Universum hinüberfliegen … ??

Oh jeeeeeee !!! Da sitze ich in einer kleinen, dunklen, stinkenden Zelle und anstatt eine Flucht zu planen, um von hier wegzukommen, grüble ich über eine Flucht aus dem sowieso erst in unvorstellbarer Ferne wieder zusammenstürzenden Universum nach!!!

Ach Zelle, da bin ich wieder.
Aber, ich bin gerettet – nie wieder dumpfer zäher Zeitbrei – gerettet!!!
Zelle, du schaffst mich nicht!

Ich setze mich auf meinen Hocker, nehme mir den anderen Hocker als Fußstütze, lehne mich gemütlich an die Wand und fange an zu lesen.
„Am Anfang schuf Gott Himmel und Erde."

Ich kann mich nicht konzentrieren… nicht lesen. Mein Herz klopft bis oben hin. „Wand, was bist du?" Nein, kein Seelenstreß jetzt. Ruhig – hinsetzen und lesen.

Ich – ein Stück Fleischmasse – nichts weiter!

Ich bin einfach nur ein Haufen Biomasse mit einem blubbernden Kürbis oben drauf.
Laut Descartes eine, wenn auch höchst komplizierte Maschine.
Folglich gibt es auch für alles einen Regler.
Dann gäbe es auch einen Regler, der einem die Zeit schneller vorkommen oder umgekehrt langsamer wahrnehmen ließe. Ich drehe schneller, dann käme mir der Zeitbrei kürzer vor und wäre im Nu vorbei … oder – Quatsch!
Dann quälte das Nichtstun-Warten nicht so. Der Tagesablauf erscheint als normal schnelle Folge von Abläufen.
Ein Zeitraffer für unangenehme Zeiten.
… adaptierte Einsteinsche Relativitätstheorie.
Nur den Humor nicht verlieren.
Ich nehme meine Jacke, laufe und wedle mit ihr wild in der Luft herum, um irgendwie die Hitze zu vertreiben. Dann setze ich

mich, nehme mir wieder die Bibel und versuche einfach nur zu lesen, ganz simpel, einfach von vorne anzufangen: „Am Anfang schuf Gott Himmel und Erde."

Diesmal nimmt mich das Lesen wieder mit hinaus aus der Zelle, ich entfliehe in die Zeit des alten Testaments.
Bis zum „Lichtaus" lese ich.

Ein Morgenkaffee im Wintergarten – Vivaldi.
Aber ich habe keine Angst vor dem Tag. Auf dem Tisch Bücher.
Das ist gut, sehr gut.
Meinen Muckefuck in der einen Hand und in der anderen Dorian Grays Beschreibung eines Frühstücks im Atelier beim Maler.
Freistunde -
Als ich zurück in die Zelle komme, ist die vollständig durchsucht.
Meine Matratze umgedreht, mein Bettzeug zerknüllt. „Nehmen Sie alle Ihre Sachen", sagt der Schließer, der hinter mir in der Zellentür stehen geblieben war. „Sie werden verlegt"!

Mit der üblichen Gesicht zur Wand Prozedur führt er mich den Gang entlang drei Zellen weiter. Ich muß warten, bis er Riegel und Schloß der Zellentür mit seinen routiniert schwungvollen Bewegungen geöffnet hat.
Vor mir eine fast identische Zelle, auch eiserne Doppelstockbetten, Fenster mit vergilbten Glasbausteinen, ein an der Wand festgemauerter Tisch, drei Hocker, das Waschbecken und in der Ecke das Klo, wie meine bisherige – doch jetzt schauen mich zwei Männer an.

Meine ca. 7 wöchige Einzelhaft ist hiermit zuende.
Ich bin darüber nicht sehr glücklich. In der Einzelhaft habe ich keine Gesellschaft vermißt. Ganz im Gegenteil! Ich war dankbar, allein zu sein.

Der eine Mann ist schlank, fast dürr, mittelgroß und schon älter. Der andere, mein Alter, blond, ebenfalls mittelgroß. Sie lächeln mich an.

„Sie sind die Drei – oben rechts das Bett" sagt der Schließer und verriegelt hinter mir die Tür.

„Ich bin die Eins – Jupp" spricht mich der Ältere an und hält mir die Hand entgegen.

Ich lege mein Bündel oben aufs Bett und schüttle ihm die Hand: „Theodor", stelle ich mich vor.

„Alle Gefangenen haben eine Nummer und werden nur so angesprochen. Ich bin Nummer Zwei – Albrecht"

Auch wir geben uns die Hand.

Ich richte mein Bett, während die beiden am Tisch sitzen und lesen.

Sie können sich dabei an die Wand anlehnen. Der dritte Hocker steht in der Zellenmitte. Ich will mich gerade darauf setzen, als Jupp aufsteht und mir mit einer Handbewegung seinen Hocker anbietet. „Kannst den hier nehmen. Ich gehe Laufen." Er beginnt mit einem langsamen, gleichmäßigen Lauf von der Tür, zwischen den Betten durch zum Fenster. Eins zwei drei vier Schritte, Kehrtwende am Fenster – vier Schritte zur Tür, Kehrtwende vor der Tür. Dabei hält er seinen Kopf leicht gesenkt und bei jeder Wende holt er mit einem Bein zu einem kleinen Schwung aus, damit er, ein wenig auf seinen Pantoffeln rutschend, in die Gegenrichtung kommt.

Er läuft Runde um Runde, während wir am Tisch sitzen und lesen. Mir ist das irgendwie peinlich und ich traue mich erst nicht, ihm zuzuschauen. Sein anfangs emotionsloser, abwesender Gesichtsausdruck verklärt sich mehr und mehr und ein feines, fernes Lächeln erscheint. So läuft und läuft er, Runde um Runde.

Eine unsichtbare Glocke umgibt ihn und hält die Realität von ihm fern.

Ich schicke einen fragenden Blick zu Albrecht, der leise antwortet: „Jupp läuft so oft, wie er es braucht – mal oft und lang, mal weniger. Ich glaube, es ist bei ihm wie ein Drang, dem er folgen muß, wie die Sucht nach der Zigarette."

Jupps Laufen dauert ca. eine Stunde. Dann setzt er sich zu uns.

„Hast Du Lust, Schach zu spielen?"

Ich denke an mein aus Brotkrumen hergestelltes Mühlespiel und hier gibt es ein richtiges Schach!

„Gern"

„Ich spiel gegen den Sieger!", kündigt Albrecht sein Interesse an.

Jupp besiegt uns beide und ich nehme mir vor, langsamer zu spielen, die Züge genauer zu durchdenken.

Auf dem Flur beginnt das Klappern der Essensausgabe.

Wie schnell doch die Zeit vergangen ist. Es gab doch gerade erst Frühstück.

Mit unseren drei Tellern auf dem kleinen Tisch wird es eng. Jupp und Albrecht lachen, als sie sehen, wie pedantisch ich die Unmenge Kümmel von den Kartoffeln kratze und an den Tellerrand schiebe.

Dann Freistunde. Wir kommen zu dritt in die kleine Hofbuchte und so habe ich heute das Glück, zweimal am Tag ins Freie zu kommen.

Die Zeit hat auf einmal eine andere Geschwindigkeit.

Als wir nachmittags wieder beim Schach sitzen, sagt Jupp unvermittelt: „Sag hier nichts, was Du nicht auch beim Vernehmer sagen würdest. Die Wände haben Ohren!"

„Ja klar", sage ich, ist mir schon klar, denke ich, das haben wir doch tief verinnerlicht. Immer das Knacken im Telephon, wenn ich Renate noch Abends Gute Nacht gesagt habe. Ach laß sie doch unser Liebesgeflüster hören, bis sie rote Ohren bekommen. Beleidigt oder entwürdigt, hat uns das nicht, gestört auch nicht, das war so wie die Wolken am Himmel, oder ob es geregnet hat. Darauf hat man keinen Einfluß.

Wenn sie etwas nicht verstehen durften, haben wir es sowieso verklausoliert: Wir treffen uns da, wo wir uns das erste mal geküßt haben oder wir sehen den, der damals am Tisch neben dir saß. Das konnten nur wir entschlüsseln. Ich hatte bisher aber niemanden, mit dem ich hätte Dinge bereden können, von denen die Wände nichts wissen dürften. Also aufpassen und vorsichtig sein gegen jedermann.

Heute ist wirklich ein toller Tag. Ständig Abwechslung: Zu guter Letzt auch noch Einkauf und „hamse" Zitronen … es gibt sogar Zitronen.

Wir diskutieren noch darüber, ob es gegen den Skorbut besser ist, die Zitronen über mehrere Tage aufzuteilen, damit man jeden Tag was hat, oder sie gleich zu verbrauchen.

Ich presse zwischen meinen Handballen den Saft einer halben Zitrone in meinen Zahnputzbecher, fülle mit Leitungswasser auf und stelle den Becher vor mich auf den Tisch.

Unwillkürlich schauen wir uns gegenseitig an. Alle drei haben wir das Bedürfnis, Würde zu wahren und Anstand zu zelebrieren. Wir halten inne und wollen, wie es sich gehört, gemeinsam mit dem Essen beginnen.

In diesen Moment der Stille hinein, sagt Jupp, seinen Zahnputzbecher Zitronensaft in der Hand: „Laßt uns anstoßen: Auf die Freiheit, auf die Gesundheit und auf unseren Bundeskanzler!"

Mit ernster Miene stoßen wir an und prosten uns laut und trotzig zu: „Auf die Freiheit, auf die Gesundheit und auf unseren Bundeskanzler!"

Alles so eng. Zur Nachtruhe das Atmen von Jupp und Albrecht. Unangenehm, nein, das ist es nicht. Aber es stört mich beim Nachdenken und Träumen.

Mit fremden Männern in einem Raum schlafen, das war zuletzt bei der Armee. Hat es mich damals berührt? Ich kann mich nicht erinnern.

In meinem Bauch grummelt es heftig. Ich muß aufs Klo. Es ist heiß, ich habe meine Bettdecke zur Seite geschoben. Es wird mir auf einmal so richtig bewußt, daß ich nicht aufs Klo kann – vor den anderen – unvorstellbar.

Mit einen Schlag bin ich völlig naßgeschwitzt.

Als ich die Bibel bekam, war angesichts der großen Menge Lesestoff die Angst gewichen, daß die leere Zeit mich erdrückt. Durch sie hatte ich etwas, womit ich mich ablenken konnte, wenn die Mauern zu eng wurden.

Aber jetzt fühle ich mich anders, viel körperlicher, viel direkter bedroht.

Vor vielen Jahren, wegen meiner Blinddarmoperation, lag ich im Diakonissen Krankenhaus in Eisenach. Mit mir im Zimmer Herr Hörnlein, der Wirt vom Gasthof an der Sängerwiese, mit Trombose in den Beinen. Ich durfte das Bett nicht verlassen und sollte auf den Schieber. Das konnte ich tagelang nicht.

Die Krankenschwester drohte mir für den nächsten Morgen einen Einlauf an. Da hat mein Bettnachbar mir nachts geholfen, heimlich über den Flur zu den Toiletten zu kommen, wo es eine Tür gab, hinter der man für sich sein konnte. Der Tagschwester erzählten wir am nächsten Morgen, ich sei nachts auf dem Schieber gewesen.

Kaum ist eine Bedrohung überstanden, kommt eine noch viel üblere nach.

Sind mir früher auch ständig so viele Einzelheiten durch den Kopf gegangen? Sind das schon Auswirkungen der Zelle? Woran merkt man, daß man irre wird?

Ich bleibe wach liegen. Als alle ruhig schlafen, schleiche ich mich in die Ecke zum Klo. Dann schlafe ich ein.

Als ich aufwache, sind Jupp und Albrecht schon beim Zähneputzen. Draußen klappert auch schon die Frühstücksausgabe und als wir noch essen, kommt schon der Freigang im Hof und Duschen. Ein halber Tag, verflogen wie nichts.

Nachmittags: Albrecht erzählt von seiner Armeezeit. Obwohl es die Regel war, soweit wie möglich weg von zu Hause stationiert zu werden, war er in der Nähe seiner Oma kaserniert. Als Krad-Fahrer ist er oft heimlich bei ihr vorbeigefahren. „Mal anständig Essen", lacht er.

„Einmal, sogar im Manöver, bin ich hinne un hab' Kuchen geholt – für die ganze Gruppe, frischen Zwetschgenkuchen – mhmm."

Anekdote reihte sich an Anekdote und ich fühle, da stimmt doch was nicht. Sind wir noch nicht richtig im Leben angekommen? Das ist doch nicht alles ein Spiel? Räuber und Gendarm oder Versteckling. Ab wann ist das Leben kein Spiel mehr, wann wird es ernst?

Egal, ob Ernst oder Spaß – Unerbittlich läuft die Zeit. Muß ich erst eingesperrt sein, damit mir das klar wird? Kann ich also doch erklären, wieso ich nicht Buchhändler in Leipzig, sondern Zerspanungsfacharbeiter im AWE wurde? War ich noch nicht erwachsen?

Albrecht erzählt von seinem schweren Motorradunfall, Nebel, Kopfsteinpflaster – dennoch Glück gehabt.

Ich höre zu und doch nicht.

Mir wird plötzlich bewußt, daß ich bisher mein Leben nicht ganz allein gelenkt und im vollen Bewußtsein meiner eigenen Verantwortlichkeit gelebt habe. Dann ist das jetzt wohl meine eigentliche Geburtsstunde, weil es mir jetzt richtig klar wird. Das klingt so schrecklich pathetisch und ist mir so peinlich, daß ich diesen Gedanken lieber nicht ausspreche.

„Uns läuft unerbittlich die Zeit weg", kommt es ungewollt aus mir heraus.

„Nein, auch das hier ist Leben", widerspricht Jupp.

„Wir kommen hier wieder raus und sind dann wirklich frei", sagt Albrecht, mit einer Kopfbewegung zur Zellentür, „und der da draußen bleibt hier drinnen bis zur Rente", und lacht dabei spöttisch.

Wir spielen eine Runde Schach – Jupp gewinnt wieder. Zum Abendessen erneut der Trinkspruch. Dann hängen wir, jeder für sich allein, unseren Gedanken nach.

Wieder ein Tag in der Zelle überstanden – geschafft, aber auch ein Tag weniger Leben.

Beim Einschlafen höre ich wieder diese Klopfgeräusche und nehme mir vor, morgen die beiden danach zu fragen.

Ich bin hier wohl der Langschläfer. Wieder sind Jupp und Albrecht bereits am Waschbecken.

Draußen scheint die Sonne, da sehen die Glasbausteine besonders vergilbt aus. Ich nehme mir vor, wie in meiner vorherigen Zelle, den überlappenden Zwischenraum zu putzen. Alfred versucht zwischen Klo und Zellentür so etwas wie Frühsport. Da sieht er, daß ich die Augen offen habe.

„Aufstehhhhhen! Kompanieeeee raustreten, drei Runden um den Exerzierplatz – marsch, marsch!"

Ich muß lachen, was mir damals zuwider war, wäre mir heute eine große Freude.

Beim Frühstück höre ich wieder die Klopfgeräusche und frage die beiden:„Was klopft da?"

Jupp: „Morsealphabet für Anfänger. Das sind Häftlinge untereinander. Von Zelle zu Zelle an der Wand" Er wollte gerade in seine Stulle beißen, legt sie aber wieder hin. „Richtigerweise hat jeder Buchstabe eine kurze Verschlüsselung wie lang-lang-kurz-kurz. Das ist das Morsealphabet. Das kennen die nicht. Also nehmen sie einmal Klopfen für A zweimal Klopfen für B usw. Wenn der Empfänger es schon erraten kann, klopft er zweimal ganz kurz für verstanden. Hat er es nicht verstanden, klopft er einfach ganz oft. Sim-Sala-Bim Klopfzeichen sind fertig"

Das Böse ist cleverer als das Gute, weil es skrupellos ist.

Aber Bestand hat immer nur das Gute. Eine Hoffnung ohne Beweis.

Hätten wir nicht bleiben müssen und kämpfen, damit das Gute siegt?

Ich will nur Freiheit …

Die stecken Dich so lange weg, bis Du kaputt bist!

Auch von außen kämpfen ist legitim!

So diskutieren wir, aber eigentlich reden wir einander gut zu und trösten uns über das schlechte Gewissen hinweg, ob wir nicht doch hätten bleiben müssen.

Haben wir das Recht zu verschwinden. Müssen nicht die Sehenden den Blinden helfen?

Das Gespräch schläft ein.

Laufen

Jupps Laufen gestern hat mich beeindruckt. Wie sein Gesichtsausdruck sich verklärte, wie da Frieden und Ruhe sich ausbreitete.
Ich stehe auf und beginne in gleicher Weise zu laufen.
Sechs Schritte jeweils.
Von der Tür drei Schritte bis zum schmalen Gang zwischen den Betten, dann drei Schritte zwischen den Betten. Vor dem Fenster mit Schwung und wegen der Enge mit eingezogener Schulter, kehrt und zurück zur Zellentür.
Es tut gut, richtig gut, die Beine zu bewegen, nicht sitzen zu müssen.
Es tut gut. Die beiden ignorieren mich, das gibt mir das Gefühl allein zu sein und die Freiheit, mich fallen zu lassen.

Runde um Runde.
Runde um Runde.
Bis ich anfange zu entrücken. Ich träume – ein aktiver Wachtraum! Es ist wie im Kino, bin mir meiner Umgebung bewußt und trotzdem nicht hier. Meine Gedankenwelt ist realer als meine reale Welt. Beeinflussen kann ich die Handlung nicht, wie ein Regisseur es könnte, aber es gelingt mir ab und zu, mit der Hoffnung, so möge es bitte bitte weitergehen, Jenes zu erleben.
So gelingt es meinem zart lenkenden Hoffnungswunsch, ein klein wenig Einfluß auf das Tagtraumgeschehen zu nehmen. Die Handlung ist dem Wunsch nur einen Lidschlag voraus und sollte ich versuchen, das zu aktiv zu steuern, wirft mich mein Tagtraum aus seiner Vorstellung hinaus.
Runde um Runde.
Runde um Runde.

Das Erwachen: wie beim Aufwachen aus dem Schlaf – es ist einfach zu Ende.

Ich setze mich an unseren angemauerten Tisch. Meine Zellengenossen begrüßen mich, als ob ich gerade in den Raum gekommen wäre.

„Na, wollen wir Schach spielen?", fragt Jupp.

„Klar" und ich freue mich, daß sie mich nicht auf meine Gedanken ansprechen, und eröffne, da mir Jupp Weiß hingestellt hat, mit dem Königsbauern.

Die Konzentration beim Spiel hilft über den ganzen Nachmittag hinweg.

Der Schließer bringt das Kalte. Ich setze mich an den Tisch und fühle mich heute entspannt. Es war ein schöner Tag. Ich freue mich über meine neue Art der Tagträumerei.

Ich muß nicht mehr warten, bis sie durch Zufall zu mir kommt, sondern kann loslaufen und sie damit herbei locken.

Abgesehen davon, daß ich in eine halbdunkle muffige Zelle eingesperrt bin, geht es mir doch gut.

Ich habe zu essen, zu trinken, zu lesen, ein Bett.

Nach dem Abendbrot versuche ich es noch einmal mit dem Laufen, komme aber nicht mehr in meine Entrückung.

Als zur Nachtruhe das Licht ausgeht, lege ich mich in mein Bett.

Ich spüre, daß ich mich an das Eingesperrtsein, an die Zellensituation gewöhnt habe. Sie ist mir inzwischen, wie ein immer schon so gewesener Alltag.

Wie um ein Resümee zu ziehen, vergleiche ich meine jetzige Situation mit der von früher.

Auch da war ich eingesperrt, obwohl es nicht ganz so eng zuging.

Auch da mußte ich schlucken, um die Beengung zu ertragen.

Habe ich mich damals schon in mir versteckt und vergraben und vergraben? Verstecke ich mich wohl jetzt noch tiefer?

Leben auf Sparflamme, Leben im Winterschlaf – mit reduziertem Stoffwechsel – reduzierten Empfindungen?

Ohne Zweifel. Ich bin dafür dankbar, denn so muß ich mich nicht täglich an der Begrenzung reiben und so tut sie nicht andauernd weh.

Die Tage ziehen an mir vorbei.

Die brütende Hitze ist vorüber. September.

Dieser konturlose Zeitbrei stumpft mich ab. Oft kann ich nicht mal mehr lesen, sitze einfach da und stiere vor mich hin.

Mein Laufen habe ich verfeinert – kann schon viel länger wegtauchen.

Ich erzähle viel von Eisenach, Weimar und was ich so alles erlebt habe.

Jupp erzählt viel von seinen Bildern – wie und wann er was malt.

Albrecht erzählt von zu Hause, von seinen Plänen im Westen und viel von seinem Kumpel Wolfgang.

Unser absolutes Lieblingsthema: die Zukunftsträumerei und darin besonders Reisethemen: Wohin und wie und wie weit und wie lange und was dort wohl alles so ist und und und.

Vor allem nach Reisegesprächen bin ich aufgewühlt und muß mich regelrecht auslaufen.

Dabei drehen sich meine Gedanken immer wieder um dieselbe Frage: Was will ich genau, wenn ich hier herauskomme Wie soll mein Leben sein?

Runde um Runde.

Das glüht in mir – wie kann es sein, daß ich keine genaue Vorstellung davon habe, wie ich mein Leben haben möchte? Was ich nicht will, das kann ich sagen, aber was ich will?

„Ja, natürlich die Welt sehen – überallhin reisen – ans Mittelmeer!"
Mehr fällt mir nicht ein – zu unvorstellbar, was mich in Freiheit erwarten wird.

Runde um Runde.

„Lebensplanung? habe ich nicht – nitschewo – njet – no – nothing – Nein!"

Träumen – einfach nur träumen – mehr geht nicht.

Mal eine unruhige Nacht – mal eine ruhige Nacht.

Mein Körper ist wie eine chemische Fabrik. Alles ist nur dazu da, um diese 37° warme Masse, diesen Matsch, der sich Gehirn nennt und irgendwie das Ich beherbergt, zu ernähren.

Zur Zeit sehr wenig Reiz-Einlieferungen und entsprechend geringe Reiz-Verarbeitung – der Matsch ist nicht ausgelastet und trocknet ein.

Die Riegel schnappen und der Schlüssel dreht zweimal: Der Schließer reicht einen Kleiderbügel mit Sachen herein.

Schließer: „Gefangener Zwei umziehen. Sie werden in 5 Minuten abgeholt – es geht zur Gerichtsverhandlung."

Jupp zieht sich um und wird ein ganz anderer Mensch, so in Zivil, ohne die Gefängniskleidung. Er sieht etwas schäbig aus mit seinen abgetretenen Schuhen, der zerbeulten Stoffhose und dem karierten Hemd. Ein hellgraues Blouson nimmt er über den Arm.

Der Schließer hat wohl durch den Spion zugeschaut und gewartet, denn kaum ist Jupp fertig, öffnet er die Zellentür:

„Gefangener Zwei mitkommen!"

Ich bin voll Spannung und Unruhe und bitte Alfred: „Komm laß uns Schach spielen, das lenkt ab."

Alfred: „Hast recht, das lenkt ab."

Nach Mittagessen und unserem Freigang, wird Jupp zurückgebracht.

Schweigt.

Zieht sich wieder um, hängt bedächtig seine Zivilkleider über den Bügel und dann, wie ein großer Seufzer kommt es aus ihm heraus: „Nur 15 Monate Ruck-zuck, alles ein reines Affentheater".

Er setzt sich auf einen Schemel: „Fünf Monate habe ich hier schon U-Haft, bleiben noch Zehn. Wenn ich nach Zwei-Drittel freigekauft werde, vielleicht bin ich dann schon im Sommer im Westen."

Er atmet tief: „Ich komme nach Cottbus."

Dann steht er auf und läuft seinen Rhythmus zwischen Fenster und Zellentür.

Das Kalte kommt. Jupp setzt sich zu uns „Ich gehe nach Augsburg – hab' da ‚ne Tante".

„Wie sollen wir Dich da finden?" fragt Albrecht.

Jupp legt sich auf seine Stulle erst das Stück Aufschnitt und dann besonders dick Zwiebelscheiben drauf, dabei schaut er mich an: „Zwiebeln haben auch viel Vitamin-C – gut gegen Skorbut jaja. Ich schick meine Adresse nach Erlangen zu Deinem Bruder. Dann kannst Du mich in Augsburg besuchen kommen."

Irgendwie meine erste Verabredung im Westen. Ist so unreal. Könnte auch sein: wir treffen uns auf dem Mars oder einer anderen Galaxie. Komisch wie bei Schweyk: „Wir treffen uns nach dem Krieg Dienstag."

Albrecht: „Gute Idee! Wir hinterlegen oder erfragen die Adressen in Erlangen."

Ein paar Tage später wird Jupp endgültig abgeholt.

Ein Schließer öffnet die Zellentür, um uns zum Freigang zu führen.

Schließer: „Freigang! Gefangener Zwei, Sie bleiben hier", und Jupp muß in der Zelle bleiben.

So haben wir nicht mal die Möglichkeit, uns richtig zu verabschieden.

Gerade einen kurzen Händedruck im Vorbeigehen.

„Wir sehen uns in Augsburg!"

„Ja, bis bald in Augsburg!"

Als wir nach dem Freigang wieder eingeschlossen werden, ist er und alle seine Sachen weg.

Nach so langer Zeit zu dritt in einer so kleinen Zelle, ist es ohne Jupp auf einmal richtig leer.

„Nur gut, daß wir keine Skatbrüder sind, da hätten wir jetzt ein Problem", lacht Albrecht.

„Laß uns eine Partie Schach spielen!"

Alfred braucht immer eine lange Bedenkzeit für seine Züge. Währenddessen schweifen meine Gedanken ab.

Was kann ein Läufer oder Springer an seinem neuen Ort? Wo könnte er von dort aus weiter, welche Möglichkeiten sind gegeben? Bin ich auch ein Läufer, wo komm ich her, wo geh' ich hin?

Ich bin auch ein Säugetier. Zum besseren Überleben mit viel Aggressivität versehen.

Bin ein Raubtier – ein Wolf – wie Hermann Hesses Steppenwolf auf Jagd – zum Verschleiern meiner Gier nur mit einer dünnen Kultur-Glasur überzogen.

Was bin ich, wo bin ich fremdbestimmt?

Partnerwahl frei? – ach iwo, ich werde durch Duftstoffe gelenkt.

Oben drauf meine Denkmasse, der Matsch, das schwabbeliges Etwas, mein schwabbeliges Ich!

Und schon habe ich verloren.

Alfred: „Bist mit Deinen Gedanken woanders? – Schachmatt!"

Schachmatt und gefangen, nicht nur äußerlich, auch innerlich durch nicht erkennbare Gesetze meiner Säugetiernatur.

Ich bin müde und lege ich mich aufs Bett, versuche zu lesen, aber meine Gedanken sind bei Jupp – er ist schon auf dem Weg ins Gefängnis und was erwartet mich dort? Sind die Horrorgeschichten darüber wahr?

Da geht das Licht aus, es beginnt wieder eine meiner „unruhigen Nächte."

Das Frühstück kommt.

Ein neuer Tag. Ein Tag näher an der Entlassung!

Ein Schließer öffnet mit dem üblichen Radau die Zellentür.

Schließer: „Gefangener Drei heraustreten!"

Aha, „Zwei" ist weg, und ich bleibe „Drei", statt aufzuschließen zu „Zwei".

Er führt mich nicht den üblichen Weg zur Vernehmung. Ich muß in einen Raum, in dem in der Mitte ein Tisch steht, daran zwei Stühle. Der Boden besteht nicht wie in den Zellen aus gebohnertem Steinfußboden, sondern vornehm, aus Linoleum. Ein vergittertes Fenster, und an der Wand der übliche Honecker mit seinem amtlichen, in die sozialistische Zukunft gerichteten Blick.

Auf dem einen Stuhl sitzt bereits ein Herr ca. 50 Jahre alt. Unscheinbar, grauer Anzug. Er steht auf, kommt ein paar Schritte auf mich zu und gibt mir mit einem schwammigen Händedruck die Hand: „Langmann, ich bin Ihr Rechtsanwalt."

Wir setzen uns, der Schließer schließt die Tür und läßt uns allein.

„Ihre Eltern haben mich beauftragt. Ich bin aus Eisenach. Es gibt nicht viel zu sagen. Sie werden in zwei Wochen in Eisenach angeklagt, wegen Republikflucht § 213 StGB.

Die für Sie wichtigen Fragen habe ich bereits mit Ihren Eltern besprochen. Wir sollten hier nicht mehr darüber sprechen." sagt er und wirft einen vielsagenden Blick durch den Raum …

Ich sehe ihn an und frage leise: „Dr. Vogel?"

Langmann: „Wir stehen in Kontakt."

Damit schüttelt er mir erneut die Hand, klopft an die Tür und verschwindet.

„Ach herrje" Was für ein Zirkus kommt da auf mich zu. Darüber habe ich mir noch keinerlei Gedanken gemacht.

Eine richtige Gerichtsverhandlung … ???

Was hatte Jupp gesagt: „Ein Affentheater!"

Na, mal sehen, wie das wird.

Der Schließer bringt mich zurück in die Zelle.

Alfred spielt eine Partie Schach gegen sich selbst. Ich setze mich schweigend dazu und übernehme die vor mir stehende Farbe.

Alfred grinst mich an: „Na, hat er Dir die Todesstrafe angedroht?"
„Ne" sage ich. „Keine Vernehmung, nur ein Rechtsanwalt."
„Was willste denn mit dem?"
„Das haben meine Eltern in Auftrag gegeben. Ich halte das für Quatsch!"
„Die Länge der Haft wird sowieso anderswo festgelegt… damit entsteht der Eindruck wir würden das für ein ordentliches Gerichtsverfahren halten. Das ist es aber nicht!"
Ich bin erregt und muß aufstehen, laufe hin und her: „Wie sagt Jupp, ein Affentheater, ich sage, es ist ein verlogenes Schauspiel!"
Am Fenster stelle ich mich an den Luftschlitz. „Die können uns auch einfach ein Stück Klopapier geben und darauf Schreiben: im Namen des Gesetzes und zum Siege des Sozialismus es ist verboten I. und II. und III. und auch, dieses Land zu verlassen. Dann können wir dieses Papier seiner Bestimmung zuführen."
Ich stelle mich vor Alfred an den Tisch: „Auf der ganzen Welt ist die Flucht aus dem Gefängnis straffrei – quasi ein Menschenrecht. Ich werde vor Gericht den Antrag stellen, diesen Staat vor der Welt, statt als Arbeiter und Bauernparadies zu bezeichnen, als Großgefängnis zu deklarieren und mir das Recht auf Flucht einzuräumen."
„Hahaha …" lacht Alfred „… die werden Dir noch gleich ein paar Jahre mehr aufbrummmen, § 110 Staatsfeindliche Hetze!"
Ich setze mich wieder und schaue aufs Schachbrett.
„Ich laß es einfach über mich ergehen." Alfred hält im Spiel inne: „Es hat mit Strafe nichts zu tun, es ist Teil unseres Schicksals, weil wir eben hier geboren wurden. Unser Preis, den wir zahlen müssen, weil wir hier rauswollen."

„Warst Du bei der Jugendweihe?", frage ich Alfred
„Nö!"
„Dann ist der Knast unsere Jugendweihe, unsere Weihe vom Kind zum Mann."

„Bist Du Pfarrerssohn?"

„Ja, weißt Du doch!"

„Du kannst Dein pastorales Erbteil nicht verleugnen" prustet er und schlägt sich vor Lachen auf die Schenkel.

„Ja, ich weiß" antworte ich „manchmal bin ich sehr pathetisch."

Auf dem Flur ist ein Schließer zu hören, wie der gerade die Nachbarzelle öffnet.

Gleich darauf sind wir dran.

Draußen ist es schön: Sonne und Wind – frische Luft – dehnen und strecken – Licht – Ach, das tut so guuuut!

Die halbe Stunde ist schnell vorbei. Da kommt auch schon der Schließer und bringt uns zurück in die halbdunkle Zelle.

Der Tag flutscht richtig durch. Im Nullkommanichts ist Abend.

Wir stoßen mit unserem Zitronenwasser an, spielen noch eine Partie Schach und lesen bis zum Lichtaus.

Das Klappern des Frühstücksausteilens weckt mich. Habe gut und fest geschlafen. Unsere Klappe geht auf, Alfred nimmt das Frühstück entgegen und reicht es mir zum Tisch.

Wir setzen uns und fangen an mit unseren Stullen, Margarine und Marmelade.

Ich bitte Alfred: „Kannst Du mir mal bitte von dem geräucherten Schinken reichen?"

Ohhh, keine Antwort, keine Reaktion. Heute wohl besser keine Witze machen.

Da geht unsere Zellentür erneut auf. Der Schließer in seinem Befehlston: „Freigang heraustreten!"

Wir lassen das Frühstück stehen und werden in den Hof geführt.

Heute sind wir die Ersten und mit Morgensonne, wie wunderbar.

Kaum wieder zurück in der Zelle öffnet sich erneut die Tür und ein anderer Schließer befiehlt: „Gefangener Drei heraustreten!"

Es geht zum Vernehmer. Der heißt, mich hinzusetzen.

Er steht auf, stellt sich vor's Fenster, zieht die Stores zur Seite, so daß man die gegenüberliegende rote Mauer sieht. Dann geht er zu seinem Bücherregal, dreht mir dabei den Rücken zu: „Nächste Woche haben Sie Verhandlung vor dem Kreisgericht in Eisenach. Sie werden der Republikflucht angeklagt."

Mir fällt dabei ein Stein vom Herzen, daß er nicht gesagt hat im schweren Fall als Gruppe mit Maximilian.

Er dreht sich zu mir um, schaut mich direkt an: „Bleiben Sie bei Ihrem Ausreiseantrag – das ist mit entscheidend für das Strafmaß, Sie könnten sehr bald schon entlassen werden.

Oh Nachtigall ick hör' dir trapsen – beinahe lache ich laut auf.

„Nein, auf keinen Fall ziehe ich den Antrag zurück!" Ich muß mich räuspern, weil ich einen Kloß im Hals habe, dann erkläre ich mit fester Stimme, wobei ich dem Leutnant direkt in die Augen schaue: „Ich sitze nicht nur meinetwegen hier, um aus Ihrem Staat herauszukommen, ich tue das auch für meine Kinder, damit die nicht unter diesen Bedingungen aufwachsen."

Ich mache eine kleine Pause, um meinem Satz eine besondere Betonung zu geben: „Sollten Sie mich aber zurück in Ihren Staat entlassen, werde ich mich lautstark erneut um eine Ausreise bemühen."

Am Liebsten hätte ich dabei auf den Tisch gehauen!

Schweigen.

Er greift zu seinem Telephon: „Den Gefangenen abholen!"

Zurück in der Zelle, treibt mich die Unruhe – ich muß laufen. Aber es will mir nicht gelingen, ich komme nicht in meine Träumerei hinein.

Albrecht, der sieht, daß ich ansprechbar bin, fragt mich: „Was wollten sie von Dir?"

„Ach, ein Versuch mich umzustimmen, damit ich den Ausreiseantrag zurücknehme – sie würden mich auch sehr bald entlassen.

„Und was hast Du ihm geantwortet?"

„Daß ich das nicht nur für mich tue, sondern auch, damit später meine Kinder hier nicht aufwachsen."

„Und dann?"

„Nichts, er hat mich abholen lassen!"

„Und warum bist Du so aufgebracht? – Du rennst ja wie ein Irrer!"

„1961, im Sommer, als die Mauer gebaut wurde, waren wir alle im Westen, in Kassel, beim Großvater auf Urlaub. Von dort aus fuhren wir weiter auf die Nordseeinsel Borkum. Da erreichte uns die Nachricht, daß Ulbricht eine Mauer bauen läßt. Mein Vater hat den Urlaub sofort abgebrochen und wir sind nach Kassel zurückgekehrt. Mein Vater sagte damals, daß alle Pfarrer abhauen würden, er aber werde seine Gemeinde nicht im Stich lassen. Er wolle umgehend zurück zu seiner Gemeinde. Mein Großvater versuchte ihn davon abzuhalten, zu guter letzt bat er ihn, daß er das ja könne, aber er solle bitte die Familie da lassen. Er, Großvater würde sich um uns kümmern! Nein, auch das hat mein Vater abgewiesen. Wo er ist, sei auch der Platz für seine Familie.

Ich erinnere mich noch gut an diese Nacht, wie wir im Interzonenzug nach Osten fuhren. Alle haben wir ununterbrochen geweint."

„Au Backe, das ist hart."

„Ja, au Backe, eigentlich hat mir das hier mein Vater eingebrockt. Er hätte uns im Westen, in Kassel, beim Großvater, lassen müssen! Mit dieser Deutlichkeit ist mir das bis heute nicht bewußt gewesen."

„Bist Du sauer auf Deinen Vater?"

„Eher Wut – Groll – ich will meinen Kindern einmal ein guter Vater sein, ihnen soll dergleichen nicht passieren!"

Ich laufe und laufe, mir ist alles zu eng. Ich muß raus hier. Stelle mich an das Fenster und versuche frische Luft durch den Schlitz zu bekommen.

Da schlägt Albrecht vor: „Komm, laß uns Schach spielen, das lenkt Dich ab. Hier, Du darfst auch anfangen. Und wer weiß, wozu das alles gut ist."

Ich setze mich auf meinen Hocker und spiele so unkonzentriert, daß Albrecht schnell gewinnt.

„Ach, geht nicht." Ich schiebe das Schachbrett von mir. „Ich möchte lieber lesen."

Am Ende des Flures klappert bereits die Essensausgabe. Die Kartoffeln wieder übersät mit Kümmel.

Nach dem Essen versuche ich zu lesen. Meine Gedanken drehen sich aber weiter um diese Nacht in Kassel. Ich will mich besser daran erinnern. Es gelingt mir nicht. Ich war gerade 6 Jahre alt geworden und weiß, daß ich weinte, weil man mich mitten in der Nacht geweckt hatte, anzog und ich meine Kniestrümpfe verkehrt herum angezogen bekam. Viel mehr Erinnerung habe ich nicht. In Großvaters Garten stand auf dem Tisch ein erleuchteter Globus als Lampe, den sah ich Abends, wenn ich ins Bett mußte, aber nicht schlafen konnte und dann heimlich von oben aus dem Fenster schaute, wie er so schön leuchtete.

Großvater roch nach Zigarre und Apfelsinen und wenn er uns auf den Arm hoch nahm, konnten wir die Narbe unter seinem Auge sehen. Ein Granatsplitter, der ihn im 1. Weltkrieg verwundet hatte. In Kassel, der Garten, der Weg zum Wald, der besondere Geruch der Hecke an der Gartentür. Ob ich das wohl alles wiedererkennen werde?

Vor Gericht

Viele Nächte im Gefängnis sind lang, manche sind noch länger und dann gibt es welche, die wollen schier nicht enden.

Endlich sind auf dem Flur die ersten Morgengeräusche zu vernehmen.

Waschen.

Frühstück.

Schach spielen.

Die Zellentür wird geöffnet und mir werden, wie bei Jupp, meine Zivilklamotten säuberlich auf einem Kleiderbügel übergeben.

„Gefangener Drei, fertigmachen zur Gerichtsverhandlung!"

Schnapp Schnapp, ist die Tür wieder zu.

Ich ziehe mich um – es ist ein sooooo gutes Gefühl, aus dieser Anstaltskleidung herauszukommen und wieder eine Jeans anzuhaben.

Alfred: „Hast ja ne echte Levis!"

Da dreht sich schon wieder der Schlüssel und der Schließer steht in der Tür: „Gefangener Drei heraustreten!"

Immer mit Gesicht zur Wand, werde ich in den Innenhof geführt. Hier werden mir Handschellen angelegt und ich muß in einen Barkas B1000, einsteigen.

Den kenn' ich schon – mit dem kamen wir aus Berlin.

Gebückt steige ich ein. Von dem schmalen Gang zwänge mich in eine der Kabinen. Hinter mir höre ich, wie zwei Riegel zugeschoben werden.

Was geschähe eigentlich, wenn wir einen Unfall hätten?

Die Fahrt geht sofort los. Ich pfeife unseren Familienpfiff, und neben mir kommt sofort die Antwort.

Bei dem lauten Fahrgeräuschen ist eine Unterhaltung nicht möglich.

Nach einer Stunde erreichen wir Eisenach. Die Fahrstrecke ist wieder deutlich am wechselnden Straßenbelag zu erkennen. Ich kann auf den Meter genau sagen, wo wir gerade entlangfahren. Und dann rufe ich Maximilian zu: „Festhalten, gleich kommen die beiden großen Schlaglöcher auf der Rennbahn!" Und schon werden wir unsanft hin und hergeschüttelt.

Links abbiegen die Bahnunterführung, dann um das Landestheater Thüringen herum zum Gerichtsgebäude.

Ich höre ein Tor quietschen, wir fahren noch einmal ein paar Meter, bleiben dann endgültig stehen. Ich werde zuerst herausgeholt.

Der Schließer hier hat grüne Polizeiuniform an und bringt mich in eine Zelle im Keller.

Pritsche, Hocker, an der Mauer verankerter Tisch, in der Ecke das Klo und über einem Waschbecken ein Spiegel.

Das Fenster hoch oben hat außen eine Sichtblende.

Nebenan höre ich noch einmal Tür und Riegel – das wird wohl Maximilian sein.

Stille.

Nichts passiert.

Ich schaue mich im Spiegel an – alles normal?

Ich versuche zu laufen, aber hier paßt die Wegstrecke nicht zu meinem Rhythmus. Wie ein Kind im Wald aus Angst laut vor sich hin redet, führe ich ein Selbstgespräch:

„Alles normal! Was werden wir bekommen? Eineinhalb Jahre – nee, ist zu wenig. Das hatte schon Friedrich-Ernst, die werden das steigern. Zwei Jahre – könnte sein. Drei Jahre – das wäre schrecklich."

Endlich Bewegung, Geräusche. Sie holen zuerst Maximilian.

10 Minuten etwa – jetzt werde ich geholt.

Es geht Steintreppen hinauf, nach oben in den ersten Stock. Dort zum Gerichtssaal – der Anblick amüsiert mich. Ich hatte einen pompösen Saal erwartet, in dem das Hohe Gericht tagt, und nun das hier: die übliche einfach Ausstattung einer Behörde. Der Richtertisch vorne quer zum Raum, aus einfachem billigen Preßspan. Dahinter von der Wand blickt Honecker herab. In der Mitte ein paar Bänke für Zuschauer, auch einfaches leichtes Preßspan ohne Verzierungen etc.

An der Innenseite an einem langen Tisch, sitzt schon Maximilian. Ich werde auch dorthin geführt, die Handschellen werden mir abgenommen und ich muß mich im Abstand von 2 Metern zu Maximilian setzen. Wir lächeln uns kurz zu.

Der gleiche lange Tisch auch gegenüber an der Fensterseite.

In dieser Ausführung könnte der auch aus der Schreibstube bei der Armee kommen. Jetzt kommt unser Rechtsanwalt, schüttelt uns die Hand: „Bleiben Sie ganz ruhig. Am besten einfach nichts sagen, und lassen Sie sich nicht provozieren."

Als Nächster kommt der Richter herein, im Schlepptau der Staatsanwalt, wir müssen uns erheben. Der Richter geht zu seinem Platz, im Talar und mit der gleichen Handbewegung, mit der unser Vater in der Kirche nach dem Vaterunser die Gemeinde zum Hinsetzen aufzufordern pflegte, zeigt er uns an, wieder Platz zunehmen – sehr komisch.

Ob der Richter wohl weiß, daß er gegen die allgemeinen Menschenrechte verstößt, wenn er uns verurteilt? Ob es ihm egal ist? Ob er es sich selbstgerecht zurechtrückt mit der Ausrede: „Mache ich es nicht, macht es ein anderer."

Das Affentheater beginnt ganz so, wie man es sich vorstellt. Die Anklageschrift wird verlesen. Wir werden befragt, schuldig oder nicht schuldig: ich bekenne mich laut „Nicht schuldig!"

Nicht schuldig, denn es hat nichts mit Schuld zu tun, die ich abbüßen muß oder einer ererbten Schuld oder dem Pech, daß ich hier im Osten geboren wurde.

Ich habe auch keinen Preis zu zahlen für eine Freiheit, die mir zusteht, wie all jenen, die in sie hineingeboren wurden.

Es ist einfach mein Leben, mein Schicksal, etwas, … ach, ganz einfach, das bin ich!

Mal sehen, was ich daraus mache!

Ich bin ganz am Anfang meines Lebens:

Also: „Nicht schuldig!"

Der Staatsanwalt, kurzer militärischer Haarschnitt, mittelgroß, blond und sein leicht aufgedunsenes Gesicht erinnert mich an den Politoffizier bei der Armee, der ständig im Tran war, weil er soff wie ein Loch, leitet daraufhin ausführlich die Vorsätzlichkeit meiner Tat ab und untermauert es mit meinem Kartenmaterial und dem ausgearbeiteten Fluchtweg.

Nichts war ausgearbeitet – Oh Jupp, Du hattest recht, es ist ein Affentheater!

Mir ist so erhaben zumute und ich fühle mich denen so überlegen – aber es ist erbärmlich, auf das Urteil warten zu müssen.

Egal, was sie mir antun, sie werden mich nicht erreichen. Ich werde mich abschotten, mich verschließen.

Sie alle hier kommen mir so verlogen und prostituiert vor.

Sie ekeln mich an. Dieser Lebensstil ekelt mich an. Haben Sie kein Rückgrat, sich an einer solchen Posse zu beteiligen? Keinerlei Ehrgefühl, sich zu verweigern!

Ich will anders sein!

Ich schwöre mir erneut: Ab heute, ab hier, wo mir der Unterschied zwischen ihnen und mir so deutlich bewußt wird, wo sie über mich urteilen, als ob ich Böses getan hätte, hier und heute, wo ich für lange Zeit von diesen Schmeißfliegen in eine Zelle gesperrt werde, will ich ein Leben leben, bei dem jeder Tag ehrlich ist, aufrichtig, mein Leben will ich veredelt haben, indem ich dieses Verlogene nicht tue, mein Leben nie beschmutze durch Falschheit und Feigheit.

Ich will auch übermütig sein wie Ikarus.

Und wenn ich dabei der Sonne zu nahe komme, ist das mein Risiko, aus meinem Willen, das will ich genießen, als mein Leben!

Ach, wie pathetisch – aber es tut so gut. Nur so kann ich das hier ertragen ohne laut zu brüllen: „Aufhören! aufhören Ihr verlogenen Schweine!"

Der Richter fragt Maximilian: „Was fanden Sie denn gut in unserem Staat?"

Maximilian steht auf und antwortet stock ernst: „Die Landschaft".

Der Richter wendet sich mir zu: „Warum wollen Sie in die BRD?"
Ich stehe auf und antworte ihm: „Ich will nicht in erster Linie nach Westdeutschland, sondern in erster Linie hier heraus aus diesem Ihrem Staat."
Der Rechtsanwalt bedeutet mir mit einem fast unmerklichen Verziehen des Gesichts, mich zu mäßigen.
Jetzt kommen Beurteilungen aus der Brigade. Ein Kollege von mir aus der Molkerei, mit dem ich oft die Frühschicht von 3:30 Uhr bis 10:30 Uhr, Milch an Kaufhallen ausliefern, eingesetzt war, berichtet, wie sie im Kollektiv, bei der Brigadeversammlung, zusammen gesessen und über mich beraten haben.
Er liest ab, was ihm die Kollektivsitzung zusammengestellt hat.
„… war sehr freundlich, immer hilfsbereit, nicht immer pünktlich …"
Der Richter und der Staatsanwalt hören nicht wirklich zu. Sie haben offensichtlich auf Durchzug geschaltet, schauen in die Akte und sind innerlich wahrscheinlich mit den Gedanken bereits bei anderen Dingen.
Auf einmal hört mein Kollege auf, vom Blatt abzulesen und spricht frei, zum Richtertisch gewandt
„Wir haben dann auch noch diskutiert, wenn Theodor unbedingt in den Westen will, dann soll man ihn doch gehen lassen."
Schweigen – man könnte die berühmte Stecknadel fallen hören.
Mein Kollege, unsicher wie es weitergeht, faltet seinen Zettel zusammen und weiß nicht, ob er jetzt auf seinen Platz zurück gehen darf. Da brüllt der Richter plötzlich mit sich überschnappender Stimme los: „Es hat Sie niemand um Ihre persönliche Meinung gefragt!"
Schwer atmend erhebt er sich. „Das Gericht zieht sich zur Beratung zurück."

Oh großer Molkereikollege, das tat gut.
„Und wenn es nur einen Gerechten unter Euch gibt, dann …"

Sofort fühle ich mich nicht mehr so allein und ausgeliefert: ja, wenn es nur einen Aufrichtigen gibt!

Ach Bruno Apitz, das hier ist nicht wie: „Nackt unter Wölfen", sondern wie unter Geiern und Hyänen.

Es sind die immergleichen Charaktere, die immergleiche Anpassung, die immergleiche Feigheit.

Und unter ein wenig anderen Umständen werden aus den Hyänen wieder mordende Bestien, wie damals bei Dir!

Ich schaue mich nach Maximilian um. Auch er sitzt in Gedanken versunken. Er spürt meinen Blick, wir grinsen uns an. Ich zeige mit dem Daumen nach oben, um ihm Mut zu machen. Wird schon gut gehen! Es kann nicht mehr lange dauern, bis wir unser Strafmaß wissen. Aber auch das sagt nicht viel aus, über die Dauer der Haft.

Mein Kollege steht zusammen mit den Kollegen aus Maximilians Brigade am Fenster. Als sich unsere Blicke begegnen, nickt er mir aufmunternd zu.

Ist das Eingesperrtsein nicht genauso gestaffelt, wie eine ineinander geschachtelte Matrjoschka Puppe?

Ganz innen bin ich, dann kommt meine Gefängniszelle, dann kommt das Gefängnis, dann kommt der Staat Ostdeutschland, dann kommt – es geht Schicht um Schicht, bis zum Rand des Universums?

Wenn jetzt jemand in meinen Kopf schauen könnte, der würde mich sofort in die Klappsmühle einweisen. Erst erfinde ich eine Trans-Universum Arche Noah und will das gesamte Leben auf der Erde vor der Implosion des Universums retten und dann ist mir sogar die Unendlichkeit des Universum zu klein und ich empfinde es als Gefängnis.

Nichts mit Universum, ich bin hier in einem nach Linoleum und Bohnerwachs stinkendem Gerichtssaal.

Der Richter kommt zurück. Wir müssen uns erheben.

„Im Namen des Volkes der Deutschen Demokratischen Republik ..." In seinen Händen hält er eine Mappe mit schwarz-rot-gold geflochtener Kordel und liest daraus, ohne dabei aufzuschauen, vor. ... Mein Körper rebelliert, ich muß plötzlich dringend aufs Örtchen.

„Nach § 213 des StGB" ... in meinem Bauch rumpelt es wie Wackersteine ...

„Wird Maximilian Koch wegen Republikflucht in Berücksichtigung seiner Jugend zu 18 Monaten Haft und Theodor Koch zu 22 Monaten Haft verurteilt."

Wenigstens hat die Verhandlung den Vorteil, daß ich hier im Gerichtgebäude bin und endlich mal allein, ohne Zeugen, aufs Klo gehen kann.

Nur bitte ganz, ganz schnell!

„Die Sitzung ist geschlossen."

Im Barkas B1000, in der winzigen Transportzelle, komme ich wieder zu mir.

Wir sind schon auf der Autobahn, auf dem Weg zurück nach Erfurt.

Langsam kann ich wieder denken. Ich bin vollständig leer und erschöpft.

Die schweren Magenkrämpfe bei der Urteilsverkündung haben mich vollständig ausgewrungen.

Müde – schlafen – den Kopf auf den verschränkten Händen als Kissen an die Wand gelehnt, versuche ich die Stöße der Straße etwas abzufedern.

Meine Knie stoßen vorne an die Kabinenwand, ich kann weder knien, noch mich setzen, es ist viel zu eng.

In mir steigt eine unbändige Wut hoch. Wenn ich mich nur bewegen könnte, ich würde alles zerschlagen.

Mein Leben ein Käfig – nein, das ist es nicht – es ist auch nicht nur das Eingesperrtsein, es ist das „Wie an Fäden hängen und geführt werden", wie eine Marionette hing ich an den Strippen, so daß sie mit mir gemacht haben, was sie für richtig hielten.

Erst zur Schule, dann zur Armee und später in die Fabrik.

Sie haben mich gelenkt, weil ich es habe geschehen lassen.

Ich hätte eigentlich nur sagen müssen: das will ich nicht – was rege ich mich über meinen Vater auf, ich hätte mich nur dagegen wehren müssen, daß er mich ins Automobilwerk geschickt hat. Nein!

Ich habe nicht laut und deutlich genug gesagt, daß ich lieber in Leipzig Buchhändler geworden wäre.

Ich bin selber Schuld!

Das ist es: ich muß mein Geschick selber in die Hand nehmen.

Das Brüllen des Richters war der letzte notwendige Weckton – jetzt bin ich wach!

Das Leben ist doch keine Kaserne, ich bin doch nicht bei der Armee, wo nur der General entscheidet von oben nach unten und ob die unten das dann verstehen, interessiert doch oben niemanden.

Im Extremfall geht es ja so weit, daß man sein Leben opfern sollte, ohne zu wissen, wofür. Andere entscheiden über mein Sterben?

Nein! Ende! Aus! Schluß!

Bin ein Spätzünder – aber ich habe es jetzt kapiert!

Ich bin ich, bin mein eigener General, und wenn sie mich auch in diesem elenden kleinen Loch festklemmen und bestrafen, ich bin freier, als alle die Menschen, denen das nicht bewußt ist.

Endlich Halt. Die Handschellen werden mir abgenommen und ich zurück in die Zelle geführt.

Albrecht ist nicht da. Ich ziehe mich aus und wasche mich so gut es geht an dem winzigen Waschbecken von oben bis unten kalt ab.

Die Riegel schnappen, Albrecht wird gebracht.

„Na, wegen erwiesener Unschuld freigesprochen?", fragt er lachend.

„Nö, ich 22 Monate und Maximilian 18 Monate."

„Das hast Du ja auch erwartet."

„Und wie Jupp es berichtet hat, es ist ein Affentheater!"

„Du mußt dem Wahnsinn mit Wahnsinn begegnen, das hebt sich dann auf."

„Ja, mir kam die Idee, man müsse mit einer Arche-Noah das Universum verlassen, bevor es wieder anfängt, in sich zusammenzufallen und zu einem anderen Universum hin fliegen."

Albrecht lacht laut: „Wie gesagt: Wahnsinn bekämpft man mit Wahnsinn! Trotzdem ein faszinierender Gedanke, aber wäre es nicht besser, die Welt untergehen zu lassen? – diese Welt sollte man nicht retten!"

„Freue Dich aufs Gefängnis, dort gibt es Arbeit, die lenkt ab, und Du kannst jede Nacht hoffen, daß sie Dich abholen zum Transport nach Gießen.

„Was ist das für ein Gefühl, wenn Sie Dir das Urteil verkünden?"

„Wie ein Schlag ins Gesicht – ich mußte mich auf der ganzen Rückfahrt wie Münchausen am Schopf, selber aus dem Sumpf, meinem Tief heraufziehen. Ich habe mich und die ganze Welt verdammt!"

„Es kommt der Tag, da kannst Du über alles hier lachen!"

Ja, irgendwann öffnen sie meine Zellentür, und es kommt die Aufforderung:

„Strafgefangener Koch, packen Sie alle Ihre Sachen und fertigmachen zum Transport!"

Grotewohlexpress

Mitten in mein morgendliches Zähneputzen schnappen die Riegel, und der Schlüssel dreht zweimal. Die Zellentür öffnet sich mit Schwung. „Strafgefangener Koch, packen Sie alle Ihre Sachen und fertigmachen zum Transport!", herrscht mich der Schließer an und hält mir einen Stoß Anstaltssachen hin.

„Ziehen Sie diese Sachen an!" und Rums, ist die Tür wieder zu.

Beim Anziehen bemerke ich einen gelben, langen, senkrechten Streifen auf dem Rücken und seitwärts an der Hose.

„Schau mal!" sag' ich zu Albrecht.

„Gelb für politisch, rosa für schwul, so war es im Dritten Reich!"

„Und was haben die Kriminellen, die Krimies?"

„Keine Ahnung – kann sein keine, die sind doch harmlos!"

„Beeilung! Auf geht's! Sie sind kein Untersuchungsgefangener mehr, sondern Strafgefangener und werden jetzt in eine Strafanstalt nach Cottbus gebracht!" Ruft der Schließer durch die offene Klappe.

Zum Verabschieden bleibt keine Möglichkeit. Wir geben uns nur kurz und fest die Hand.

Reisetage bringen Abwechslung.

Ich bekomme wieder Handschellen angelegt und werde in den Barkas B1000 gesperrt. Nach mir schließt sich die Tür, der Motor springt an, es geht sofort los. Stadtverkehr.

Der Wagen hält, ich werde ausgeladen und muß stehen bleiben.

Die Schließer haben blaue Uniformen an, bin ergo nicht mehr bei der grau uniformierten Stasi, sondern in Polizeigewahrsam.

Wir sind irgendwo, ganz am Ende eines abgelegenen Bahnsteigs, wahrscheinlich der Hauptbahnhof von Erfurt. Der Schließer nimmt mir die Handschellen ab und legt mir stattdessen einen Handknebel um, an dem er mich zu einem uralten Waggon führt, bestimmt ein Vorkriegsmodell, mit vergitterten Fenstern.

Drinnen übergibt er mich einem Kollegen, der mich in ein Abteil bringt. Einfache Klappsitze aus Holz und wie im Gefängnis auch eine Klappe in der Abteiltür. Die Fenster mit Milchglasscheibe sind, wie in den Zugtoiletten, noch an Lederriemen aufgehängt, mit deren Hilfe man sie hochziehen und herunterlassen könnte. Aber oben am Fenster ist ein Vorhängeschloß.

Ab und zu höre ich die Geräusche – wahrscheinlich werden Maximilian und noch weitere Gefangene, auf die Abteile verteilt.

Der Barkas B1000 fährt weg.

Lange passiert nichts mehr. Mehr als eine Stunde verstreicht, ohne daß wir abfahren.

Plötzlich wieder Waggontüren auf und zu und dann geht auch meine Abteiltür auf: zwei junge Männer müssen mit zu mir ins Abteil.

Der eine, eher schmächtig, der andere dafür ein Muskelpaket.

Wir sitzen schweigend, jeder schaut am anderen vorbei, wie Fremde. Mir wird das zu blöd. Wir sind doch keine normalen Reisende in der Eisenbahn, sondern drei Gefangene in einer Zelle.

„Theodor", stelle ich mich vor.

„Klaus", sagt das Muskelpaket und mit einer kleinen Verzögerung schüchtern der Schmächtige:

„Holger" .

Das bringt uns gleich zum Lachen.

„Republikflucht, mein Delikt", sage ich.

„Diebstahl", bekennt der schmächtige Holger.

„Ich hab einen etwas zu doll verhauen", sagt Muskel-Klaus.

„Na dann fehlt nur noch wieviel?"

„Und die Schuhgröße, um es richtig vollständig zu machen."

„Ich bin ein Anfänger sozusagen ein Greenhorn im Knast, wie geht es hier weiter?", frage ich.

Holger antwortet mir: „Wir kommen aus einer Sammelzelle in Gotha, da waren ein paar drin, die kannten sich aus. Sie sagen, es geht von Knast zu Knast. Dort bleibt man über Nacht und dann geht es weiter."

Klaus ergänzt: „Als nächstes kommen wir wohl alle in eine Transit-Zelle in Weimar. Der Waggon wird immer an andere Züge angehängt und an der nächsten Knaststation wieder abgekoppelt so fährt man im Kreis durchs ganze Land. Eine Verlegung von Gotha nach Weimar kann einen Tag dauern- eine Verlegung von Weimar nach Gotha aber schon mal eine ganze Woche."

Die Luft ist zum Schneiden, die Fenster nicht zu öffnen, wie ist das wohl im Sommer hier drin, geht es mir durch den Kopf.

Ich habe Hunger. Es müßte schon Mittag sein.

„Hat der Zug hier auch Mitropa?" frage ich.

Holger hat anscheinend Humor: „Vorne, nach der ersten Klasse kommt der Speisewagen", antwortet er.

„Geht schon mal vor und reserviert einen Platz, ich komme dann nach." stimmt Klaus in die Witzelei ein.

Draußen gibt ein Eisenbahner Kommandos. Eine Rangierlok koppelt sich an. Wir fahren los und werden über einige Weichen an einen anderen Zug angehängt. Dann hören wir viele Stimmen durcheinander reden. Das wird wohl ein Bahnsteig sein.

Eine Bahnhofsdurchsage klärt uns auf: „Einsteigen in den Personenzug nach Dresden, über Weimar, Apolda, Gera. Einsteigen bitte und die Türen schließen. Vorsicht bei der Abfahrt des Zuges!".

Von der Uhrzeit her, könnte es der gleiche Zug sein, mit dem ich vor Monaten meine Flucht begann. Diese vergitterten Waggons am Ende des Zuges waren also gar keine Postwaggons, wie ich jetzt begreife. Dann sind es nur zwei Stationen bis Weimar.

Der Gedanke berührt mich so sehr, daß ich merke, wie sich mein Gesicht wieder zu dieser starren trockenen Tränenmaske verzerrt.

Ich wende mich ab, damit die beiden mich so nicht sehen. Atme ein paarmal tief und langsam durch, bis ich wieder Herr über meine Gesichtszüge bin.

„Vieselbach!" ertönt eine Durchsage.

15 Minuten später: „Weimar Hauptbahnhof!"

Der Zug steht, unsere Abteiltür öffnet sich. Wir werden vom Schließer einzeln herausbefohlen und auf dem Gang mit Handschellen aneinandergefesselt, so daß wir wie im Gänsemarsch eine Schlange bilden und laufen können. Wie die Elefanten im Zirkus ist man mit seinem Hinter- und Vordermann verbunden.

Ganz vorne sehe ich Maximilian. Kontakt ist nicht möglich. Wir steigen aus und stehen als eine Kette Sträflinge auf dem Bahnsteig. Überall sind noch Reisende zu sehen. Sie führen uns den Bahnsteig entlang.

Ich traue mich nicht aufzuschauen, könnte im Boden versinken und habe panische Angst, jemand könnte mich wiedererkennen.

Dann, hinter einem Signalhäuschen ein Schotterweg, der zu einem W50-LKW führt. Wir werden einzeln freigeschlossen und müssen hinten in den W50 einsteigen. Innen die winzigen Zellen.

Abfahrt. Ich werde heftig hin- und hergeschüttelt. Der Fahrer fährt rüpelhaft, ruppig, als ob wir Steine wären. Ein Rolltor quietscht, noch einmal kurz anfahren und es stopt. Der Motor wird abgestellt. Wir sind im Weimarer Knast angekommen.

Ein trister grauer Innenhof, roter Backstein, vergitterte Fenster. Ich lande mit meinen beiden Reisegefährten wieder in einer gemeinsamen Zelle.

Die Zelle ist so unbeschreiblich schmutzig, daß ich es nicht fassen kann.

Bei der Stasi war immer alles sauber, aber hier: Kein Klo, sondern ein Eimer mit Deckel in der Ecke. Die Doppelstockbetten schmierig, kein Bettzeug, nur Decken. Das Waschbecken gelblich. Der Tisch versifft.

Alles braun, der Boden, die Wände, die Tür. Das Fenster – die Scheibe aus Milchglas. Es stinkt einfach nur übel: unfaßbar übel.

Hoffentlich geht es bald weiter, nur hier nicht übernachten müssen …

Wenn wir als Kinder mal keine Lust hatten, im Schuppen den Kaninchenstall auszumisten, hat uns Mutter immer damit ermahnt: „Möchtest Du darin schlafen?"

Die Schließer hatten hier wohl keine Kaninchen oder keine Mutter oder beides nicht.

„Na hoffentlich geht es bald weiter." sage ich.

Ich lege mich auf ein oberes Bett und döse vor mich hin.

„Sag mal," fragt der Schmächtige, der sich unter mir aufs Bett gelegt hat: „Hast Du keine Angst vorm Westen?"

Der Gedanke ist mir so fremd, daß ich erst mal darüber nachdenken muß.

„Mir wäre das unheimlich, du kannst zwar alles machen, aber auch alles verlieren und übel sterben." ergänzt er seine Frage.

„Nein!" antworte ich ihm, „Ich habe eher Angst, hier in diesem Staat zu leben."

Ich überlege, wie ich es ihm erklären könnte, ohne ihn zu beleidigen. Kann man einem Menschen, der die festgefügte Bahn vorzieht, lieber im Gefängnis bleiben möchte und vor einem Leben voller Freiheit und Abenteuer Angst hat, erklären, daß es in der Freiheit brennt und diese Hitze das Sein erst ausmacht?

„Das was ich in der Freiheit gewinne, wiegt mehr, als das, was ich an Sicherheit und Geborgenheit der geregelten Welt eines Gefängnisses, verliere." antworte ich ihm. Bin aber wohl wieder zu pathetisch pastoral? Aus dem Bett unter mir kommt keine Antwort.

Kein Freigang, kein Essen zum Mittag, Abends eine Suppe, kein Waschzeug.

Am Morgen Malzkaffee, zwei Stullen dazu Margarine und Marmelade.

„Wo werdet ihr hingebracht?", frage ich beim Frühstück. Wie aus einem Mund antworten sie: „Dresden."

„Ich komme nach Cottbus, vielleicht sind wir dann heute noch zusammen."

Der Schmächtige schaut mich lange an und sagt dann: „Wenn ich einen Freund wie Dich hätte, wäre ich wohl auch anders."

Das mit dem Zusammenbleiben war falsch gedacht. Die Zellentür wird aufgeschlossen und der Schließer kommandiert: „Strafgefangner Koch fertigmachen."

Er bleibt in der Tür stehen und wartet.

Ich falte meine zweite Marmeladenstulle in der Mitte zusammen und nehme sie auf der Hand mit.

Zum Abschied gebe ich beiden die Hand. Zum Schmächtigen sage ich spontan: „Kraft und Mut kommt aus dem Kopf, nicht aus den Muskeln." Er möchte noch etwas antworten, aber der Schließer fuchtelt mit seinem Gummiknüppel und ich muß raus.

Auf dem Hof steht ein Barkas B1000. Ich muß einsteigen. Leise pfeife ich den Familienpfiff. Sofort kommt die Antwort, also ist Maximilian auch schon drin. Wir fahren los. Es geht wohl wieder zum Bahnhof.

Ich höre, wie sie Maximilian ausladen. Eine Waggontür wird auf und zu geschlagen. Dann bin ich dran. Diesmal habe ich ein Abteil ganz allein für mich.

Wir fahren ab. Unterwegs bleiben wir lange irgendwo stehen, dann wird rangiert und wir fahren wieder, dann stundenlanges Warten und es geht wieder für ein paar Kilometer weiter. Irgendwann bekomme ich einen Becher Malzkaffee.

Ich nutze die Chance, daß ein Schließer zu sehen ist und verlange, mal aufs Örtchen zu können.

Später schlafe ich trotz der ungemütlichen Holzsitze ein.

Oft war beim Halt auch keine Bahnhofsdurchsage mehr zu hören, ob die uns wohl auch an Güterzüge anhängen?

Dann doch endlich ein Schließer, der mich abholt. Diesmal nur ich, ganz allein, niemand sonst ist zu sehen. Zum Glück keine Reisenden, es ist ein abgelegener Bahnsteig. Über eine kurze Rampe führen sie mich zu einem W50-LKW. Ich muß wieder hoch und hinein in die Enge.

Cottbus

Endlich halten wir wieder an. Diese Schaukelei, im Dunkeln, ohne irgend etwas zu sehen – mir ist flau und ich habe weiche Knie. Im Barkas B1000 war es nicht so ein Schwanken und Schütteln, wie hier in diesem W50.

Ein lang anhaltendes Quietschen – das Gefängnistor, die Schleuse? Dann fahren wir wieder, noch ein kurzes Stück. Halt und Motor aus.

Kommandostimmen und immer wieder leichtes Schaukeln des LKWs. Wir werden ausgeladen.

Meine Kabinentür öffnet sich:

Im Gang Halbdunkel, nur etwas Licht aus der geöffneten Außentür.

„Aussteigen!"

Halb verdeckt durch meine Kabinentür steht gebückt in dem engen Gang, ein Schließer. Er deutet mit der Hand zum Ausstieg. Rücklings klettere ich aus dem LKW.

Erstmal sehe ich nichts, nur Hell, nur Licht – die Sonne und ein paar Wolken.

Langsam stellen sich meine Augen um. Ich bin auf einem großen, an drei Seiten von roten Backsteingebäuden umgebenen Platz.

Die Gebäude sind vier Stockwerke hoch, vor jedem Fenster ist außen eine schräg nach oben geöffnete Blechverkleidung angebracht. Unter den Fenstern in weißer Farbe, große weithin lesbaren Zahlen – wahrscheinlich die Zellennummern.

Sieben Häftlinge stehen in einer Reihe neben dem LKW, Maximilian ganz vorne, neben dem LKW-Fahrerhaus unsere Begleitmannschaft.

Ich muß ans Ende der Reihe. Aus einem Gebäude auf der gegenüberliegenden Seite des Platzes kommt ein Schließer auf uns zu. Er grüßt im Vorbeigehen kurz die Begleitmannschaft, bleibt vor uns stehen und ruft fünf Namen auf, einer davon ist Maximilian.

„Vortreten!"

Mit einer lässigen Handbewegung fordert er die fünf auf, mitzukommen. Er geht voran, ohne sich nach ihnen umzudrehen. Sie trotten im Gänsemarsch hinter ihm quer über den Platz auf die Tür zu, aus der er kam.

Wie anders war es doch bei der Stasi.

Um die Ecke, an der Seite, an der der Platz sich zur Außenmauer öffnet, kommt ein weiterer Schließer auf uns zu: klein, mager im Gesicht, dunkles schütteres Haar. Er bleibt bei den anderen Schließern stehen, redet, wohl dienstlich. Er ist offenkundig der Ranghöhere, denn sie lehnen sich nicht mehr so lässig an den LKW. Mit betont energischen Schritten kommt er dann auf uns zu. Wie ein Soldat, der, auch wenn er für sich allein läuft, vom Gleichschritt nicht lassen kann.

Er kommt sehr nah heran, bleibt direkt vor uns stehen, hält seinen Gummiknüppel in der Hand, als ob er jeden Moment mit ihm zuschlagen wolle.

Dabei preßt er die Kiefer aufeinander, so daß die Backenknochen deutlich hervorstehen, die Augen zu schmalen Schlitzen verkniffen: „Sie sind hier in der Haftanstalt Cottbus", sagt er betont freundlich. Der falsche Ton ist unverkennbar. „Hier gelten Regeln und wer sich nicht daran hält, dem werden wir das schon beibringen."

„Hier entlang", zeigt er mit seinem Gummiknüppel die Richtung an.

Im Gegensatz zur ersten Gruppe läuft der Schließer nicht vorneweg, sondern hinter unserer kleinen Gruppe her. Der Platzbelag besteht aus Koksasche. Wir überqueren ihn und kommen an der hohen Backsteinmauer entlang, in deren Krone Scherben eingemauert sind.

Vor der Mauer verläuft ein circa drei Meter breiter, mit Stacheldraht abgetrennter Streifen, in dem ein zotteliger Schäferhundrüde seinen Dienst tut. Er wirkt auf mich harmloser, obwohl er sich wie ein Wilder gebärdet, als unser Schließer. Nach der langen Zeit im Zug und LKW, ist es schön, die frische Luft und die Sonne zu genießen. Es ist mild und riecht schon ein wenig nach Herbst.

Ich laufe einfach so vor mich hin. Als wir ganz nahe am Stacheldraht vorbeikommen, steigert sich die Kläfferei und der Hund springt Zähne fletschend gegen den Zaun. Er tut mir sehr leid, sein ganzes Leben ist er auf diesem schmalen Streifen eingesperrt. Sein Bellen klingt weniger nach Aggression, sondern nach Verzweiflung.

Wie gern würde ich jetzt mit ihm durch den Wald stromern. Als ob er meine Gedanken erraten hat, hört er mit seinem Gebell auf und trottet still neben uns her.

Vor ihm hätte ich keine Angst.

Der Schließer dirigiert uns über eine kleine Rampe zu einer schmalen Eisentür. Gefangenenreflex: wir bleiben stehen und warten, bis der Schließer öffnet.

Direkt hinter der Tür geht es über eine kurze, schmale Treppe auf einen Absatz hinauf, der von einem großen Gittertor zum Flur hin abgetrennt ist.

„Los, rauf und oben stehen bleiben!"

Ich folge meinem Vordermann die Treppe hinauf. Die Stufen sind aus Terrazzo, das Geländer grau angestrichenes Stahlrohr. Oben stehen wir hintereinander an der Wand. Der Schließer drängt sich an uns vorbei – solche Nähe hätte ein Stasi-Schließer immer vermieden. Er schließt mit seinem großen Schlüssel, wobei er den sich durch den Klappmechanismus ergebenden Hebel geschickt nutzt, die Tür auf. Man erkennt sofort: jahrelange Übung.

Der kurze Befehl: „Marsch!" und ein Wink mit dem Gummiknüppel zeigt uns: wir müssen in den Etagenflur eintreten. Er folgt als Letzter und schließt hinter sich wieder die Gittertür.

Ein schmaler Raum, quer darin ein langer Tisch, der seitlich nur einen kleinen Durchlass läßt. In der Ecke ein kleiner, alter, abgewetzter Schreibtisch, an der Wand ein Dienstplan. Es liegen für uns kleine Häufchen mit Handtuch, Besteck und Geschirr bereit.

„Jeder nimmt sich ein Häufchen!" ertönt sein Kommando und Ruck Zuck, weiter geht es im Gefangenenrhythmus: Warten, Aufschließen, Zuschließen und Warten, Aufschließen, Zuschließen ein Stockwerk höher in den nächsten Flur. Der Flur ist geräumig, in der Mitte eine Tischtennisplatte, rundherum 8 Zellentüren – sie stehen offen, niemand ist zu sehen.

„Hier ist Sprela, Brigade Schicht eins!"

„Großmann – da hinein!"

Der Mann hinter mir tritt vor und geht in die Zelle hinein.

„Das freie Bett da oben!"

Der Schließer knallt mit übermäßig lautem Schwung die Zellentür zu, so daß es scheppert, und schließt ab. Mit uns Verbliebenen geht es noch eine Treppe höher.

Wieder die vergitterte Flurtür zum Treppenhaus. An der Decke eine Neonröhre. Die dicken Holzbohlen der Zellentüren und die schmutzigweißen Wände wirken hier viel grauer und enger als in dem unbeleuchteten Flur unter uns. Auch hier eine Tischtennisplatte und zwei, die daran spielen.

„Alle auf die Zellen!" brüllt der Schließer.

Der Flur leert sich augenblicklich.

„Hier, das ist Sprela, Brigade Schicht zwei!"

„Strafgefangener Koch Zelle 319, Kornbach 321!"

Vom hellen Flur konnte man nicht in die halbdunklen Zellen hineinschauen. Ich trete ein, und wie ich jetzt das Fenster an der Stirnseite sehe, begreife ich, warum die Bleche außen an den Fenstern sind. Sie machen es unmöglich, auf den Hof zu schauen. Ich kann nur einen kleinen Spalt Himmel sehen. Links an der Wand stehen hintereinander zwei Doppelstockbetten. Beim vorderen ist das obere Bett frei. Ich lege meine Decken und Sachen darauf. Hinten rechts das Klo, ein Waschbecken, davor quer im Raum ein Schrank und vorne, meinem Bett gegenüber, ein Tisch mit Platz für drei, aber vier Hocker stehen drumherum. Zwei Männer sitzen am Tisch, spielen Schach, einer Dritter liegt auf seinem Bett und döst. Ich setze mich mit an den Tisch auf den freien Hocker.

„Hallo" Ich klopfe mit dem Fingerknöchel zur Begrüßung leicht auf den Tisch. „Theodor, komme gerade aus der U-Haft Erfurt."

„Herbert, 18 Monate R-Flucht.", er ist 1,80 groß Sportsmann, so ca. 30, reicht mir die Hand und erhebt sich dabei andeutungsweise vom Hocker.

„Gerd – 2 Jahre, Staatsfeindliche Hetze" auch er erhebt sich andeutungsweise und gibt mir die Hand.

Herbert deutet auf den im Bett liegenden Häftling: „Das ist Karl-Heinz besser Kalle, unser Krimi. Er ist nicht sehr helle, aber er hört alles. Wir versuchen ihm Manieren beizubringen, aber das wird nichts."

„Ich hab`auch einen Ausreiseantrag gestellt und lasse mich von Euch nicht schikanieren!", tönt es aus seiner Ecke. Er springt aus seinem Bett: „Was wollt Ihr mit Euren ständigen Manieren? Hier sieht Euch doch sowieso keiner!" So wie er da vor mir steht, tut er mir beinahe leid. Er ist 1,45 klein und kugelrund. Nicht nur der Bauch, sondern auch der Kopf – kreisrund.

„Warum bist Du hier?" frage ich ihn.

„Einbruch, Kaufhalle, zweimal."

„Hallo, ich habe 22 Monate wegen § 213." Ich reiche ihm die Hand.

„Ja, mit den Manieren haben wir es ganz besonders pingelig." sagt Herbert „Wenn Du nicht mehr als Mensch behandelst wirst, muß Du Dir selber Halt geben, um ein Mensch zu bleiben."

Und an Kalle gewandt: „Aber das wirst Du nicht begreifen und Du hast einen Ausreiseantrag gestellt? – da lachen ja alle Hühner! Wir brauchen die Manieren wie Kultur, besonders in dieser Umgebung, zum Überleben und um uns von den Krimis abzuheben."

Ich beziehe schnell mein Bett stelle meine Waschsachen in das leere Fach im Schrank. Vom Flur hört man das Schließen des Flurgitters.

„In 10 Minuten Abmarsch zur Spätschicht!"

„Ja bravo" entfährt es mir da. „Ich habe heute früh in Dresden nur eine Stulle zum Frühstück bekommen. Ich habe gehörigen Kohldampf."

Alle drei ziehen sich die Schuhe an, ihre Jacke über und treten hinaus auf den Flur.

Herbert klopft mir auf die Schulter: „Um 19:00 Uhr zur Pause, gibts was Warmes."

„… Heraustreten!!!"

Das Flurgitter steht offen und wir gehen die Treppe hinab vor die Eingangstür. Dort warten zwei Schließer:

„… Antreten!!!"

„Zählung!"

Alle treten in Dreierreihen an. Ich halte mich an meine Zellengenossen.

Ein Schließer läuft die Reihen ab und zählt laut durch.

„Abmarsch!"

Sprela

Ein Schließer vorne neben der ersten Reihe.

Ein Schließer hinten neben der letzten Reihe, so laufen wir um unser Gebäude, an der Mauer entlang, am Schäferhund vorbei, noch um das hintere Gebäude. Es kommt wieder eine Freifläche – grauer Schotter.

„Da, die Sprela!" sagt Kalle neben mir „Unsere letzte Chance, ‚Held der Arbeit' zu werden".

Ein langes zweistöckiges Gebäude. Vergitterte Fenster ohne Blechblende, in der Mitte eine kurze Rampe und darüber, unter dem Dachsimms, ein Kranbalken daran ein Flaschenzug.

Neben der Rampe eine Tür, außen zusätzlich noch eine Gittertür. Wir laufen auf diese Tür zu und bleiben direkt vor ihr stehen.

Nichts passiert… „… und nun?" stoße ich Kalle neben mir mit dem Ellenbogen an.

„Wir müssen warten, die Frühschicht muß erst rauskommen."

Nach etwa zwei Minuten, ein kleiner Mann ca. dreißig Jahre alt, in einem grauen Arbeitskittel, öffnet erst die Tür innen und dann außen das Gitter. Hinter ihm Trampeln auf der Treppe. In einem großen Durcheinander kommt die Frühschicht aus dem Gebäude und tritt selbständig in Dreierreihen an. Die mit uns gekommenen Schließer zählen sie und marschieren mit ihnen zurück.

„Herein mit Ihnen, auf geht's!" fordert uns der Mann im Arbeitskittel zum Eintreten auf. Ich lasse mich mittreiben, mal sehen, was da kommt.

Oben angekommen, wieder durch eine Gittertür, kommen wir in einen halbdunklen Raum, zwei lange Tische und Bänke stehen in der Mitte. Das ist wohl der Pausenraum. An der Wand zwei Reihen Kleiderhaken, daran viele graue Arbeitskittel mit langen gelben Streifen senkrecht am Rückenteil.

Sträflingsmarkierung sogar am Arbeitskittel.

An einer Innenwand ein großes Glasfenster zu einem kleinen Büro.

Im Büro sitzt ein älter, etwas rundlicher Mann in einem Arbeitskittel am Schreibtisch.

Als der letzte Häftling im Pausenraum ist, schließt der junge Meister die Gittertür ab. Alle nehmen sich einen Kittel vom Haken und gehen nach rechts, am Büro vorbei in den Maschinenraum.

„Achtung! Die Neuen zu mir, die anderen an die Arbeit. Gleiche Maschineneinteilung wie gestern."

Sein Verhalten ist nicht das eines Schließers, der uns bewacht oder wie ein Schäferhund, der seine Herde zusammenhält, sondern er hat was von einem kläffenden Terrier.

Er zeigt auf mich: „Kommen Sie mit!"

Wir gehen in den Maschinenraum. Es stehen circa 20 Drehbänke in drei Reihen längs, im 45° Winkel angeordnet, im Raum. An der Decke nackte Neonröhren.

An jeder Drehbank, über den Spannbacken, noch eine kleine Arbeitslampe.

An der Fensterseite eine unbesetzte Drehbank. Er geht vor mir, in seinem grauen Kittel und oben in der Brusttasche die Schublehre und ein paar Stifte. Wir bleiben vor der Drehbank stehen. „Das ist Ihre Maschine."

Von meinem Platz kann ich aus dem Fenster schauen – sogar über die Mauer. Zum ersten Mal seit langem sehe ich wieder ein Stück Welt, ein Stück Draußen, ein Stück Natur. Häuser, Bäume, Straße, einen Neubaublock.

Ob die da draußen wohl wissen, wer hier einsitzt und warum?

Ob es ihnen egal ist?

Solidarität mit uns, wenigstens in Gedanken?

Eine Frage des Anstands oder wird der Anstand sowieso als störend, lästig, behindernd empfunden?

Wird der Anstand nicht als Erstes geopfert, sollte sich ein Vorteil dadurch ergeben?

„Gefangener Koch!" Neben mir hat der Meister eine hellgelbe Plastikhülse aus einer Eisenkiste rechts neben der Maschine in die Hand genommen.

„Das sind Hülsen, die werden in die Augen der Blattfedern an der Hinterachse des W50 eingepresst. Das ist für's Abschmieren der Federung.

Sie spannen die Hülse hier ein – er macht es mir an der Drehbank vor – dann hier am Schlitten den Vorschub entsperren, den Meißel an die Hülse heranfahren, erst die Drehbank, dann den Vorschub einschalten. Wenn die Hülse vollständig innen ausgedreht ist, hiermit – er hält einen Innenprüfbolzen in der Hand – Innendurchmesser prüfen.

Ablegen hier in die Kiste links neben der Maschine. – Er zeigt auf das über dem Meißel angebrachte Absaugrohr. – Achten Sie darauf, daß das immer richtig nah am Werkstück sitzt, damit die Späne und der Staub abgesaugt werden.

Wenn die Kiste fertig ist, rufen Sie mich, ich richte Ihnen die anderen Hülsen ein."

„Brauchen Sie nicht, geben Sie mir nur die Maße, ich richte mir das schon selber ein. Ich bin vom Fach, ich bin Dreher, Zerspanungsfacharbeiter" „Wo haben Sie gelernt?"

„Automobilwerk Eisenach – der Wartburg, im Getriebebau."

Das hat ihm irgendwie nicht gefallen, daß ich mich auskenne, denn er antwortet sehr patzig: „Dann werden Sie ja keine Probleme haben, die Norm zu schaffen!"

Er hat wirklich was von einem Terrier und ich habe das Gefühl, er versucht mir in die Waden zu beißen.

Seine Freundlichkeit am Anfang war aufgesetzt. Vielleicht haßt er uns Politische, denn er erlebt es ja ständig, wie Häftlinge einfach morgens nicht mehr da sind, in der Nacht auf Transport gegangen – über Nacht in den Westen weg und er, er muß Tag für Tag, ohne Aussicht auf ein gutes Ende, hier im Knast Dienst tun. Auch wenn er eigentlich kein Gefangener ist, so ist er doch die meiste Zeit im Gefängnis, hinter Gittern.

Ich stelle mich an die Drehbank und fertige meine ersten Hülsen. Ganz langsam erinnert sich mein Körper an die schon fast vergessenen Handbewegungen.

Damals im Getriebebau waren es Zahnräder und dazu der immer etwas muffig abgestandene Geruch der für die Eisenbearbeitung notwendigen Kühlemulsion. Hier riecht es nicht nach alter gegorener Kühlemulsion, sondern, da nicht gekühlt wird, nach angesengtem Plastik. Aber die Bewegungen sind die gleichen.

Werkstück aus der Kiste nehmen, einführen in die Spindel, Spindel mit dem Schraubenschlüssel spannen, Spindel auf die notwendige Drehzahl bringen, Meisel an das Werkstück heranfahren und nur noch den Vorschub einrasten.

40 Sekunden Zeit, bis zum nächsten Handgriff: Vorschub aus, Spindel bremsen, Werkstück entnehmen und in die Kiste links neben mir werfen.

Während der 40 Sekunden, in denen die Hülse innen ausgedreht wird, ab und zu bei einem Werkstück mit der Prüflehre den Innendurchmmesser testen, ob der noch in der Norm liegt.

Schon nach ein paar Werkstücken, vielleicht einer halben Kiste, habe ich die notwendige Routine und kann mit meinen Gedanken durchs Fenster hinaus.

Ich habe nie wieder an einer Drehbank stehen wollen, das hatte ich mir am letzten Tag meiner Lehrzeit geschworen – ach, und nun stehe ich hier an einer und verrichte monotone, stumpfe Arbeit bei ohrenbetäubendem Lärm.

Es ist mein erster Tag und ich fühle mich trotzdem schon, als ob ich bereits viele Tage hier sei. Alles ist so bekannt und vertraut.

22 Monate habe ich bekommen, vielleicht geht es ja früher auf Transport. 6 Monate U-Haft, da muß ich mindestens ein ganzes Jahr hier arbeiten.

Aus meinem Fenster sehe ich drei Häftlinge einen Handwagen mit Kübeln heranfahren. Dann wird es wohl gleich Essen geben.

Die Kiste links neben mir ist schon halb voll. Den Blick sieht auch mein Nachbar von seinem Platz aus. „Du bist viel zu schnell ...“ brüllt er gegen den Lärm an: „... versau uns nicht die Norm!“

Eine laute Hupe ertönt – Pause – alle schalten ihre Maschinen ab. Wunderbare Ruhe!

Ich gehe mit den anderen in den Pausenraum. Die Kalfaktoren haben die Kübel auf Hocker gestellt und teilen das Essen aus. Ich stelle mich an der Schlange hinten an. Als ich dran bin, bekomme ich auf einem zerbeulten Aluteller meine Ration Kartoffelmatsch, Kraut und braune Soße.

Ich suche mir einen freien Platz an einem der Tische. Es klappern die Löffel. Ich setze mich neben einen stämmigen Mann so um die Vierzig. „Hallo, darf ich? Bin Theodor."

„Aber bitte klar, ich heiße Erwin."

„Guten Appetit."

„Ebenso!"

Da kommt der Terrier in den Pausenraum: „Die Maschinen an der Fensterseite haben heute Nachmittag Werkstückwechsel. Es ist eine Lieferung lange Hülsen da, die muß bis übermorgen fertig sein."

„Herr Meister" der Schalk sitzt mir im Nacken „ich bin zwar neu hier und weiß auch nicht, wie lange ich bei Ihnen bleibe, aber trotzdem – wo bitte finde ich die Formulare für einen Urlaubsschein?"

Brüllendes Gelächter allerseits.

Da verhärtet sich sein Gesicht. Diesen Humor kann er nicht ab, fühlt sich angegriffen und nicht ernst genommen. Jetzt schnaubt er und steuert direkt auf mich zu. Ich stehe auf. Er bleibt vor mir stehen, ich richte mich noch etwas gerader auf und überrage ihn deutlich um Haupteslänge. Da kommt der Primat in mir durch. Ich weiß schon, wie ich manche kleinen Männer mit meiner puren Körpergröße verunsichern kann.

Wie er zu einer Antwort ansetzen will, erscheint der alte Meister: „Helmut! Laß sein! Reg Dich nicht wieder auf. Komm, wir haben Wichtigeres zu tun."

Anscheinend bin nicht nur ich auf diesen Gedanken gekommen, Meister Helmut mit dummen Sprüchen zu verspotten. Vielleicht war das ja unterbewußt. Ich kann mich nicht erinnern, diesen Spaß vorbereitet zu haben. Er ist einfach aus mir herausgekommen

– so schnell konnte ich gar nicht denken. Der Terrier zieht das regelrecht an.

An der hinteren Seite des Pausenraumes geht es zum Lager. Dort ist auch die Klappe zum Kran, mit dem die Kisten mit den Hülsen transportiert werden.

Im Lager ist eine Toilette: mit Tür! und sogar von innen verschließbar!! Welch eine Erlösung. Auf dem Klo wieder allein sein, keine ständigen Bauchschmerzen, weil man vor den anderen nicht gehen kann. Immer erst, wenn der Druck zu groß wird.

Die Wochenenden ohne Klo werde ich schon durchhalten.

Die Hupe ist noch nicht wieder ertönt, trotzdem gehe ich schon zu meiner Maschine, stelle mich ans Fenster.

Das Draußen ist irgendwie komisch, so unerreichbar, unwirklich, wie ein fremdes Spielzeugland. Es regnet. Früher war das in der Empfindungsrubrik „schlechtes Wetter". Jetzt ist es, als ob es mich nicht mehr betrifft. Es hat mit meinem Leben nichts mehr zu tun.

Ich trete an meine Drehbank und tauche bis zur Feierabendhupe in den Tunnel der monotonen Routine ein.

Manchmal bin ich so weit weg, daß ich nicht mal mehr träume. Das Gehirn, mein „ich sehe und spüre die Welt", ist ausgeschaltet. Die Hupe weckt mich. Zwei ganze Kisten sind fertig. Ich habe schon am ersten Tag meine Norm übererfüllt. So ein Mist! Unauffällig stelle ich eine Kiste wieder zu den unfertigen Hülsen. Dann mache ich die morgen eben einfach noch einmal.

Maschineputzen, aufräumen, Kittel an den Haken und noch einen Muckefuck aus dem großen Kübel.

Erschöpft, bin das Arbeiten nach 6 Monaten stillsitzen nicht mehr gewöhnt, geht es zurück in die Zellen.

Auch die Schließer sind müde. Kein Gebrüll und Zackzack auf dem Rückweg.

Der Hund an der Mauer kommt noch mal aus seinem Zwinger in den Regen, verbellt uns diensteifrig solange wir vorbeilaufen.

Ab ins Bett. Mir fallen auch gleich die Augen zu.

Das Licht geht aus.

„Gute Nacht allerseits!"

„Ja, Gute Nacht." kommen die Antworten.

Das Trampeln der Frühschicht auf dem Flur weckt mich auf.

Schön, da kann ich ja die Augen noch mal zumachen.

Aber schon geht auch bei uns in der Zelle das Licht an, es wird aufgeschlossen und die Riegel geöffnet. Komisch, die Zellentür bleibt zu?

Ich drehe mich nochmal auf die Seite – habe einfach keine Lust aufzustehen – nichts da – Beine raus und los!!

Die Tür geht auf, ein Kalfaktor bringt das Frühstück. Muckefuck, Brot, Margarine, Marmelade. Hier bringen nicht die Schließer das Essen, sondern die Kalfaktoren.

Zähneputzen, Essen und gleich darauf Freigang im Hof.

Der Hof ist der große, graue Schotterplatz, an dem wir angekommen und auch schon auf dem Weg zur Arbeit vorbeigekommen sind. Wir laufen alle im Kreis. Mal gegen den und mal im Uhrzeigersinn. An dem einen Gebäude, an der Seite zur Mauer hin steht eine einzelne Rose. Bei meiner nächsten Runde bleibe ich stehen und schaue sie mir genau an. Sie hat keine Blätter mehr, ist ja auch Herbst und auf einem ganz langen Stengel oben die Blüte. Ich bin ganz baff, wie so etwas wunderwunder Schönes hier in dieser Umgebung überleben kann!

Neben mir bleibt Gerd stehen. „Schön – gell?" „ja, unfaßbar!"

„Komm weiter, schau' nicht zu deutlich hin. Wenn die merken, daß sie uns gefällt und wir Freude an ihr haben, schneiden sie sie ab."

„Ja, das könnte sein, da hast Du bestimmt Recht. Gehen wir besser weiter."

„Du bist neu hier, nimm Dich in Acht vor den Kriminellen, die bekommen Strafnachlaß für's Spitzeln, besonders die Kalfaktoren, eine üble Bande."

„OK – Danke."

„Was gibt es hier noch für Gebäude? Ich suche meinen Bruder, wo könnte der hingekommen sein?"

„Bestimmt ins Pentacon – da stellen sie Photoapparate her. Der Häftlingstrakt ist das Gebäude dort drüben an der Stirnseite. Die Fertigung liegt dahinter.

Bist Du mit Deinem Bruder zusammen gegangen?"

„Nein, auf keinen Fall. Es war nur zufällig zur gleichen Zeit! Ich wußte auch nichts von ihm!"

„Selbstverständlich … na klar." „Die Kalfaktoren könnten das herausbekommen, aber man weiß nicht, was dabei auch über den Tisch der Stasi geht.

„Kann ich mir denken."

„Ach übrigens, nicht wer am Schnellsten arbeitet, kommt auch zuerst in den Westen!"

„Jaja ich weiß, das war nur aus Versehen!"

„Aus Versehen, von welchem Stern kommst Du denn?"

„Nicht fremder Stern, bin aus Eisenach und habe im Automobilwerk, als Dreher gelernt."

„Dann kümmer Dich mal, die müßten Dir ja Facharbeiterlohn zahlen. Uns ‚Ungelernten' zahlen sie nur für ‚Ungelernte'.

Nach dem Freigang gammeln wir herum, spielen Skat. Draußen auf dem Flur spielen sie Tischtennis. Es gibt Mittags eine Kalte. Und pünktlich der Ruf des Schließers: „Fertigmachen zur Arbeit" Kurz darauf: „Abmarsch!"

An meiner Maschine hole ich mir die Kiste mit Hülsen, die ich gestern schon gedreht hatte und unter der noch zu fertigenden Kiste, versteckt hatte, wieder hervor und fange mit ihr an. Die Arbeit geht mir leicht von der Hand. Schon ist es Routine, dumpfe Monotonie der Bewegungen. Das ist blanke Verachtung des Menschen, ich bin degradiert zum hirnlosen Roboter! Schon klar, daß der Erfinder dieser Fließbandarbeit, Henry Ford, ein strammer Nazi war.

Gegen Abend, unsere große Pause. Ich stehe mit Erwin hinter den Maschinen. Dort stehen ein paar Kisten. Ich sitze am Fenster und starre in die Dunkelheit. Erwin setzt sich neben mich.

„Na, Du sitzt lieber abseits?"

„Nö, es ist nur schön über die Mauer zu schauen, Leben zu sehen. Das hatte ich lange nicht."

„Du kommst gerade aus der U-Haft?" „Ja, Stasi in Erfurt"

„und … § 213 ?"

„Ja … 22 Monate"

„Guter Durchschnitt, ich auch wegen § 213, aber nur 20 Monate." Er holt tief Luft.

„Und wer dann und vor allem wann auf den Transport geht, entscheiden Andere. Oben über der Schleuse ist ein kleines Fenster, dort hat die Stasi wohl ein Büro, wenn da Nachts Licht brennt, kommen sie sammeln und es geht wieder ein Transport."

„Wo haben sie Dich geschnappt?"

„Mich haben sie nicht geschnappt. Ich war Fernfahrer, bin für Internationalen-Kraftverkehr-Deutrans in den Westen gefahren. Und dann …"

Erwin macht eine lange Pause und schluckt.

„ … und dann ist meine Frau mit unserem Nachbarn ins Bett und die Stasi hat es früher gewußt, als ich."

„ … und …?"

„Also, bin abends müde heimgekommen, hab' den LKW auf den Hof in der Spedition abgestellt, den Schlüssel abgegeben, wie immer und da standen zwei Herren und haben mir den Paß abgenommen …"

Schneuzt sich die Nase.

„… und ich wußte nicht, warum die mir meinen Reisepaß weggenommen haben, habe nur begriffen, daß ich ab jetzt nicht mehr raus kann."

„Hat's Dir Deine Frau gebeichtet, wie hast Du den Grund erfahren?"

„Erfahren habe ich es erst als ich bereits in U-Haft war. Sie war auf Sprecher da und dabei sagte sie es mir und hat auch die Scheidung eingereicht – aber es spielte keine Rolle mehr.

Als sie mir den Paß weggenommen hatten, habe ich erst kapiert, daß ich ohne in den Westen zu fahren, nicht leben kann. Da haben mein Neffe und ich angefangen, Pläne zu schmieden, wie wir abhauen könnten. Mir ist erst in der U-Haft aufgefallen, daß ich dabei nicht auch an meine Frau gedacht hatte. Das Schicksal einer Fernfahrerehe, dumm nur, daß es die Stasi zuerst wußte."

„Aber wie haben Sie Dich erwischt?" frage ich ihn.

„Ja, ja, zusammen mit meinem Neffen, er war auch Fernfahrer, aber er durfte keine Westtouren fahren. Wir hatten immer schon den Traum, zusammen auf einem LKW gemeinsam auf Tour durch ganz Europa... wir schmiedeten Fluchtpläne, sahen aber keine Chance irgendwo heil über die Grenze zu kommen. Blieb nur der Knast. Frech einen dummen Plan aushecken und dann sich selber anzeigen, das wäre die billigste Variante was die Haftlänge angeht. Wir haben dann noch eine Woche durchgängig einen drauf gemacht, haben beim Rat des Kreises sicherheitshalber auch noch Ausreiseanträge gestellt. Dann bin ich zu meinem Fahrdienstleiter gegangen und habe gesagt, daß wir beide, mein Neffe und ich egal zu welcher Tour er uns einsetzt, immer Richtung Grenze fahren werden...

... ja und dann am Morgen, als wir auf den Hof kamen, waren wieder die Herren da und haben uns mitgenommen. Geplante R-Flucht."

„Wie lange bist Du schon hier?"

„Das waren 5 Monate U-Haft und jetzt 5 Monate hier in Cottbus. Das wäre ja Halbzeit. Jedes Mal, wenn Licht über der Schleuse brennt, kann ich nicht mehr schlafen. Ich horche auf jedes Geräusch, ob sie sammeln kommen, ob auch meine Zellentür aufgeht."

Erwin zieht einen mit Drehstaub bedeckten Hocker heran. „Guck mal hier!"

Er malt einen Punkt.

„Da ist Stuttgart. Dort ist eine Spedition, bei der können wir sofort anfangen. Der Chef hat mir mal ein Angebot gemacht als ich Ware aus Gera geliefert habe.

Ich war lange Fernfahrer, kenne auch im Westen alle Autobahnen. Hier oben ist Gießen." Er macht einen weiteren Punkt "da ist das Notaufnahmelager, da kommen wir alle an." Er zieht einen Strich: „Hier die Grenze und Eisenach, da bin ich immer durchgefahren."

Die Hupe ertönt, wir wischen unsere Straßenkarte weg.

Das Landkartenzeichnen hat mich hochgepuscht.

Ich schalte meine Drehbank an, meine Hände zittern, als ich die Hülse einspannen will.

Wie lange noch? Nur nicht warten, das muß ich abschalten. Aber in meinem Oberstübchen geht die Kammer, in die ich versuche das Warten einzusperren, immer wieder auf und vergiftet mich.

Gestern war so ein leichter Tag, in meiner Trance, husch husch war er vorbei. Heute Qual: jedes Werkstück eine Überwindung, die Hand zu heben, die Hülse einzuspannen.

… und wieder alles von vorne.

… und wieder alles von vorne.

… und wieder alles von vorne.

Wo will ich hin? Nach München zur Großmutter. Vorher zu Friedrich-Ernst nach Erlangen!

Werde ich Heimweh haben wie damals in Arnstadt im Kinderkrankenhaus? Ne, da war ich noch ein Kind. Bei der Armee habe ich auch kein Heimweh gehabt. Verlasse ich denn überhaupt meine Heimat? Ist die das SED-Ostdeutschland, nein nie und nimmer. Der Gedanke stößt mich reglrecht ab.

Vielleicht Thüringen als Landschaft – ach nee.

Eher schon Eisenach, wenn ich mit den Hunden spazieren war: am Ehrensteig hoch zum Methilstein, hinten herum um die Wartburg, da fällt mir Martin Luther ein, zur Sängerwiese, da fällt mir Walter von der Vogelweide ein, zurück bis hinab zum Frauenplan am Bachhaus vorbei nach Hause.

Es ist ein warmes Gefühl, daß ich von hier stamme. Aber kein Stolz, nichts Erhabenes, nur ein warmes Gefühl! Ist das das Gefühl für Heimat?

Werde ich das vermissen, Sehnsucht haben?

Alles sentimentaler Quatsch!

Ganze Menschenströme ziehen sogar zu anderen Kontinenten und ich verlasse nicht mal mein Land, gehe nur von Ost nach West.

So drehen sich meine Gedanken immer wieder im Kreis.

Die Hupe ertönt.

Oh weh, schon wieder. Da habe ich erneut zwei Kisten voll Hülsen gefertigt. Bin doch in meine Gedankenwelt abgetaucht.

Bei der Kiste, die ich bereits gestern schon doppelt gefertigt habe, war durch die Mehrfachbearbeitung der Innendurchmesser hart an der Grenze der Toleranz. Die Lehre, die nicht mehr in die Hülse passen dürfte, paßt mit etwas Druck trotzdem.

Ich stelle wieder, wie gestern, eine Kiste von meinen fertigen Hülsen zwischen die Kisten der noch zu fertigenden.

Dabei kommt mir eine Idee. Wenn ich bei den Hülsen den Meißel, während er in der Mitte die Hülse ausdreht, etwas anziehen würde, dann würde die Hülse im Innenbereich ein größeres Innenmaß erhalten, als an den Rändern. Somit wäre in der Hülsenmitte die Wandstärke dünner. Dann wird die Hülse ins Federauge der Blattfedern eingebaut, das Schmierfett eingedrückt. Juchee, das geht eine Weile gut und dann kommt irgendwann eine stärkere Belastung, z.B: ein Schlagloch oder eine schwere Ladung und die Hülse bricht – Schluß mit der Schmierung! Ab in die Werkstatt, Blattfedern reparieren.

Wenn man den Innendurchmesser nur an den Rändern mißt, fällt meine Sabotage nicht auf. Ich habe noch nie gesehen, daß der Meister oder sonstwer, die gesamte Hülse innen mißt.

Ich habe eine perfekte Sabotage und niemand wird es je herausfinden.

Sicherheitshalber fertige ich zwischendurch auch ein paar korrekte Hülsen, die lege ich in der Kiste an die Ecken. Sollte der Meister mal selber messen wollen, geb' ich ihm eine Hülse aus der Ecke in die Hand.

Auf dem Rückweg zum Zellentrakt bin ich richtig fröhlich, fühle mich soooo gut. Ich setze mich zur Wehr, bin nicht mehr ganz so ausgeliefert und hilflos. Beim Aufstellen zum Abmarsch stelle ich mich in die Außenreihe, um näher am Hund vorbeizukommen. Der bellt uns natürlich diensteifrig an. Ich schnalze ihm im Vorbeigehen zu und gebe leise ein paar beruhigende Worte von mir und schaue ihn dabei an. Vielleicht schaffe ich es, zu ihm Kontakt aufzubauen und er hört irgendwann auf, uns anzubellen.

Ich wache auf, die Zellentür steht bereits offen. Der Kalfaktor hat auch das Essen schon gebracht. Hab' geschlafen, wie ein Stein.
Kalle steht in der Zellentür und schaut zu mir hin: „Guten Morgen Herr Langschläfer. Heute ist Samstag."
„Da hast Du Recht, wir könnten ja was Schönes unternehmen. Wie wäre es mit einem Ausflug ins Grüne?"
Vom Waschbecken verschluckt sich Gerd vor Lachen fast beim Zähneputzen und prustet:
„Ich schlage vor, wir fahren heute alle mal nach Gießen!" und trällert vor sich hin: „Noch eh die Blumen sprießen sind wir in Gießen! … Also, wenn es keine anderen Vorschläge gibt, der ist angenommen!"
Herbert sitzt am Tisch vor seinem Margarinebrot mit Marmelade:
„Halt Männer, es regnet, verschieben wir den Ausflug besser auf nächste Woche. Heute bleiben wir hier und spielen Tischtennis. Kalle, dann trag' uns mal in der Liste ein, nach Gießen darfst Du ja doch nicht mit."
In der Tür erscheint ein untersetzter Mann. Er kommt auf mich zu und setzt sich auf meinen Bettrand: „Darf ich? – Guten Morgen, Du bist ein Neuer. Wir haben uns bei der Arbeit noch nicht richtig

bekannt machen können. Ich bin Kurt, Pfarrer, wir organisieren hier unsere Miniuniversität. Hochtrabender Name für unsere Vorträge. Wir treffen uns sonntags nachmittags bei uns in der Zelle gegenüber. Damit das Gehirn nicht einrostet, wollen wir ihm Nahrung bieten. Jeder referiert über sein Fachgebiet. Einfach alles, was er so weiß.

Was hast Du gelernt?"

„Zerspanungsfacharbeiter, falls Du damit nichts anfangen kannst, das ist Drehen, Fräsen, Schleifen."

„Kannst Du uns eine Einführung geben in Zerspanungsfacharbeitern?"

„Ja, aber nicht gleich morgen."

„OK, schön, dann ziehe ich mal weiter."

Arbeitsfreies Wochenende, Zellenaufschluß zum Flur, Tischtennis, Miniuniversität! Das ist schon ein großer Unterschied zur Stasi-U-Haft.

Ich hole mein Frühstück und setze mich so, daß ich durch die Tür im Flur beim Tischtennisspielen zuschauen kann. „Wo bekommt man die Schläger?" frage ich Kalle.

Es sind immer ein paar da, die sind aber nicht so gut. Zurückgelassen von denen, die auf Transport gegangen sind. Laß Dir einen von zu Hause schicken.

Ich kaue so vor mich hin, räume mein Geschirr weg und lege mich wieder auf das Bett. Die körperliche Anstrengung der Woche steckt in meinen Knochen. Herbert kommt vom Tischtennisspielen und setzt sich auf seinen Hocker an den Tisch.

„Ach, weißt Du …" sage ich zu ihm, „mir geht gerade durch den Kopf, daß hier die Zeit nicht mehr so ein skalenloser Brei ist wie in der U-Haft, wo ein Tag dem anderen gleicht wie ein Ei dem anderen. Es gibt wieder Struktur: Montag bis Freitag Arbeit, Sonnabend und Sonntag Ausruhen. Man freut sich jetzt auf's Wochenende, statt nur auf das Sammeln zum Transport hin zu warten."

„Du hast ja ne Meise, was unterscheidet denn im Gefängnis den Arbeitstag vom Tag ohne Arbeit? Du bist im Gefängnis, so oder so!"

Er steht auf, geht zu seinem Fach, holt ein dickes Buch heraus und hält es mir vor die Nase. „Hier, das ist ein Leben, so will ich es auch: Thor Heyerdahl, ein Skandinavier, beseelt von einer Idee: er will beweisen, daß die Südsee von Südamerika aus besiedelt wurde.

Er hat Beweise, die man ihm nicht abnimmt. Also kriegt er heraus, wie hätten die damals ein Floß gebaut, was konnten sie schon. Dann baut er genau auf diese Art, so ein Floß aus Papyros und Bambus und segelt quer durch den Pazifik, setzt dabei sogar sein Leben aufs Spiel. Und er kommt an. Hat es geschafft!

Das ist ein Mann, das ist Leben, direktes Leben! Und nicht sich vormachen, im Knast wäre das Wochenende schöner, als die Arbeitswoche. Da könnte sich ja auch der Delinquent auf dem Elektrischen Stuhl freuen, daß der Stuhl Polster hat und nicht so hart ist wie einer ohne.“

Als ich nach dem Buch greifen will, nimmt er es wieder weg. „Das kann ich Dir nicht leihen, das geht heute wieder zurück. Für dieses Buch gibt es eine lange Warteliste. Aber Du bist ja bestimmt noch länger hier und wirst es irgendwann bekommen.“

Die Flurtür zum Treppenhaus wird aufgeschlossen. Ein Schließer ruft laut: „Fertigmachen zum Freigang.“

Wir nehmen unsere Jacken und gehen zu den anderen auf den Flur.

Unten im Freigang laufe ich mit Herbert, wir schweigen so vor uns hin. Dabei kommt mir, weil er die andere Drehrichtung läuft, unser Pfarrer Kurt entgegen. „Hallo Theodor, ich vergaß zu sagen, morgen ist bei mir ein Vortrag über Brückenbau, Dr. Stefan Sorter, ein Bauingenieur aus Dresden, hält den Vortrag.“

„Danke, wir wollten eventuell einen Ausflug machen, ins Grüne oder nach Gießen, aber nur wenn es nicht regnet, mal sehen – dann komme ich gerne.“

Kurt grinst kurz und zieht weiter.

„Na so etwas“ sagt Herbert, „sind das etwa Transporthoffnungen?“.

„Amnestie … Amnestie könnte doch sein!“ kommt es lachend hinter mir von Gerd.

Herbert zieht mich weg, in einen ruhigeren Außenkreis. So können wir langsamer laufen und sind mehr unter uns. „Amnestie ist eine Folter, die wir uns selber antun. Es ist eine Seuche, ein Virus und es gibt keinen Schutz. Wenn es Dich erfaßt hat, wirkt kein Penicillin dagegen. Es kommt in unregelmäßigen Abständen, aber bestimmt einmal im Quartal.

Jemand schleppt es ein oder es entsteht irgendwo beim Grübeln. Jemand hat eine Idee, warum jetzt der absolut sichere Zeitpunkt wäre für eine Amnestie. Ein Jahrestag, Tag der Republik oder Tag der Oktoberrevolution, Honeckers Geburtstag, ein Besuch eines Westpolitikers, irgendeine Begebenheit, die das Vorzeichen dafür ist, daß jetzt alle politischen Häftlinge freigelassen werden. Der Gedanken reift zur Gewißheit.

Von überall kommen auf einmal Bestätigungen und neue Zeichen, daß das wirklich jetzt wahr ist. Das greift um sich wie Schnupfen in einem Kindergarten. Jede Bemerkung eines Schließers, eines Meisters bei der Arbeit, alles wird dahingehend interpretiert. Alle werden euphorisch, kribbelig und manche verschenken ihre Sachen, weil ja doch bald gesammelt wird und es auf Transport geht. Manche hören auf zu essen, diesen Fraß rühren sie nicht mehr an … es gibt ja bald was Besseres.

Einer ist nachts völlig durchgedreht, hat getobt und sich dann mit dem Schließer geprügelt. Zwei Jahre Nachschlag und er ist als Krimi nach Brandenburg verlegt worden.

Bald ist Weihnachten, auch ein guter Ausgangspunkt für das Amnestiegerücht. Weihnachten gibt es bestimmt eine Amnestie. Muß es ja …"

Er schweigt eine Weile „Laß Dich nicht anstecken, hör`einfach nicht hin. Es endet in Depression. In der Nacht vor dem angeblichen Termin geht es zu, wie in einem Irrenhaus. Man hat das Gefühl, alle drehen gleich durch. Dann tut sich das große, tiefe Loch auf: der Termin verstreicht und: … keine Amnestie. Sie fallen hinein, sitzen da, starren Löcher in die Luft und sind tagelang nicht ansprechbar."

Ende der Freistunde.

Wir gehen zurück in die Zellen.

Auf dem Bett liegen, lesen. Dann kommen die Kübel mit: Kartoffeln, Kraut und Soße. So vergeht Mittag und Nachmittag.

Ich liege auf meinem Bett. Thor Heyerdahl geht mir nicht aus dem Kopf. Seine Art zu leben. Freiheit und Abenteuer, aber das ist nicht alles. Er lebt wie er will. Auf eigene Gefahr und ohne doppelten Boden. Abgesehen davon, daß ich hier in einem Haus bin, welches man nicht verlassen kann, das in einem Staat steht, den man nicht verlassen darf. Natürlich will ich Freiheit, hier heraus und heraus aus dem Staat, aber da ist bei Thor noch eine andere Dimension, die Thors Leben von dem gewöhnlichen Leben abhebt. Es ist mehr als Freiheit und Abenteuer, es imponiert mir sehr und ich kann nicht formulieren, warum.

„Aufwachen Schlafmütze!" Gerd wackelt am Bett „Hast Du Lust auf Skat? Als dritten Mann frage ich Herbert oder unseren Krimi."

„Ja, Skat spielen, ich komme." Ablenkung ist immer schön, weil dabei unbemerkt die Zeit vergeht.

Wie erhofft, verfliegt der Nachmittag – mitten im schönsten Ramsch:

„Fertig machen zum Einschluß" ertönt es auf dem Flur.

Im Bett geht der Tag noch einmal an mir vorbei. Das war meine erste Woche im Knast – nicht so erdrückend, wie U-Haft.

So eine Woche jetzt noch 50 bis 60 mal … bald ist Weihnachten … es soll ja auch schon Langstrafer gegeben haben, die nach nur ein paar Monaten auf Transport gingen. Schluß, Aus, Ende! Das ist ja wirklich wie eine Seuche, eine Gehirnseuche, von der man erfaßt wird und sich nicht dagegen wehren kann. Sie nistet im Kopf und verdrängt alle anderen Gedanken. Mein Transport geht frühestens nächstes Weihnachten. Sie werden uns schmoren lassen, bis zum letzten Tag. Wir haben uns über sie lustig gemacht und das vertragen sie nicht. Schluß, Aus, Ende!

Die Kalte kommt, wir sitzen zusammen bei Margarinebrot und Aufschnitt.

„NACHTRUHE!" Licht aus.

Gleichmäßiges ruhiges Atmen, nur Kalle schnarcht ab und zu ein wenig.

„Warum haben es manche leicht und andere schwer?"

Der kleine Streifen Himmel oben an der Öffnung der Fensterverblendung – eine sternklare Nacht.

Vom Fenster zieht ein kalter Luftzug zu mir herüber.

Ich ziehe mir die Decke über die Schultern.

Der kleine Streifen oben an der Öffnung der Fensterverblendung – keine Sterne mehr zu sehen.

Ist die Nacht schon vorbei? Nö, Kalle schnarcht ja noch ab und zu ein wenig ... sonst ist alles ruhig ... ich schlafe wieder ein.

Lautstark werden die Zellentüren aufgeschlossen. Die Kalfaktoren teilen auf dem Flur das Frühstück aus. Kalle holt es für uns ab.

„Übrigens, heute ist der 1. Advent", sagt er und stellt das Essen auf den Tisch.

„Kann nicht sein, es brennt doch keine Kerze!" Kommt es aus den Betten hinter mir.

„Ach ne" steuere ich meinen Teil zu der intellektuell hochwertigen Unterhaltung bei: „Bei echten Kulturnationen, wie Thüringen und Sachsen gibt es im Advent Stollen mit frischer Butter und Honig. Bei uns gibt es Stulle, Margarine und Marmelade: also ist auch kein Advent – logisch."

Kalle setzt sich auf seinen Hocker. Er schmiert sich eine Stulle und ißt. Dabei legt er beide Ellenbogen auf den Tisch und hängt tief über seinem Brettchen.

Herbert steht auf, setzt sich neben ihn an den Tisch und schaut ihm ganz freundlich in die Augen: „Na, Kalle? Du bist Honeckers letztes Aufgebot, den Sozialismus aufzubauen. Warum bist Du hier? Du sollst erzogen werden, erzogen zu einem Klassenkämpfer.

Deswegen heißt das hier ja auch EB das wiederum bedeutet … ? na? Erziehungsbereich. Gell? !!"

Kalle mampft einfach weiter.

„Da Dich die Schließer nicht erziehen und sonst außer uns niemand da ist, müssen wir es tun. Wir wollen Dir wirklich nur helfen"! Dabei nimmt er Kalles Ellenbogen, hebt ihn etwas an und haut ihn mit voller Wucht zurück auf den Tisch.

„Auuu" jault Kalle auf.

„Setze Dich verdammt noch einmal gerade hin und Ellenbogen vom Tisch!"

Ich stehe auf, schmiere mir auf die Schnelle ein Marmeladenbrot und gehe in die Zelle gegenüber, Kurt besuchen. Die sitzen noch am Tisch und quatschen.

„Guten Morgen!"

„Ebenso, Morg'n!"

„Wann ist heute der Vortrag ‚Brückenbau'"

„So um drei mit akademischem Viertel."

„Bekomme ich die Teilnahme strafmindernd angerechnet?"

„Klar, dann kommste fünf Minuten früher auf Transport."

„Und wieviel Strafminderung bekomme ich, wenn ich nächsten Sonntag „Zerspanern" vorstelle?

Alle drei, wie aus einem Mund: „Klar, dann kommste fünf Minuten früher auf Transport."

„Gibt es jemanden, der gerne Schach spielt? Ich bin mittelgut."

„Frag doch mal auf 320, die spielen alle mittelschlecht."

„Was gibt es sonst noch in der Vorlesungsplanung?"

„Nach Dir die Woche, Albert Schweitzer, dann ist vorlesungsfreie Zeit, wegen Weihnachten. Apropos Weihnachten. Der Weihnachtsgottesdienst wird gehalten von Bischof Albrecht Schönherr"

„Der heißt doch Dietmar Schönherr."

„Knalltüte, Dietmar Schönherr, der ist doch aus'm Westfernsehen."

Kurt stellt es richtig: „Albrecht Schönherr ist der Evangelische Bischof von Brandenburg und wenn der den Weihnachtsgottesdienst hält, dann ist das mal wirklich ein Grund, daß es bald eine Amnestie geben wird!"

Bei soviel Blödelei muß in der Zelle ja ständig lustige Stimmung sein.

Ich gehe zurück in meine Zelle und hau' mich noch ein bißchen aufs Bett und lese.

Zur Freistunde suche ich Herbert. „Du, Thor Heyerdahl war doch nicht allein auf dem Floß, er hat auch das Leben seiner Kameraden gefährdet?"

„Die waren alle freiwillig dabei."

„Dädalos hat auch das Leben seines Sohnes Ikarus gefährdet."

„Waren die nicht auch auf der Flucht? Aber bei so etwas geh'ste besser zum Pfarrer und fragst den."

„Ich war vorhin in der Zelle gegenüber beim Pfarrer. Die haben nur geblödelt. Das hat mir sehr gefallen, diese ständige Ironie im Umgang miteinander."

„Ja, das ist schon lustig und es lenkt einfach ab."

„Kommst Du mit zum Seminar ‚Brückenbau‘," frage ich ihn.

„Klar, kann ja nicht schaden."

Als wir am Nachmittag in Kurts Zelle kommen, ist alles voll. Kurt und seine Zellengenossen liegen auf ihren Betten. Alle Hocker sind besetzt und auf dem Rand der unteren Betten sitzen auch noch Gefangene.

Dr. Stefan Sorter, Mitte dreißig, schlank, blond, einen Kopf kleiner als ich. Er steht am Tisch, hat einen großen, mehrfach gefalteten Zettel in der Hand und schaut uns im Kreis alle nacheinander an.

Offensichtlich fällt es ihm schwer anzufangen.

„Liebe Mithäftlinge!" räusper – räusper ..

„Für die, die mich nicht kennen, ich stamme aus Radebeul und habe an der TU in Dresden Architektur studiert."

Ah, deswegen sein deutlich sächsischer Dialekt.

„Wahrscheinlich wird niemand von Euch irgendwann eine Brücke bauen. Trotzdem danke ich Euch für Euer Interesse."

Er referiert eine Weile über Fundamente, Materialien, Kraftableitung, Bogen- und Hängebrücken.

Dann gibt er eine Übersicht über verschiedene Pfeiler, Stützen, Halterungen und kommt nach etwa einer halben Stunde zum Abschluß.

„Stellen wir uns vor," sagt er. „Wir seien eine Brücke, unsere beiden Beine sind die Pfeiler. Nur, wenn wir mit beiden Beinen auf einem festen Fundament stehen, können wir Lasten tragen."

Oh je, denke ich mir. Welch ein Schlußsatz, aber wir sind ja hier in der Zelle des Pfarrers, da darf auch mal gepredigt werden.

Er bekommt einen schönen Applaus und ist erleichtert, daß er es geschafft hat.

Mal sehen, ob ich nächste Woche dabei auch so nervös bin.

Fast alle bleiben noch und stellen Fragen.

Ich gehe zurück in unsere Zelle und lege mich aufs Bett – dösen.

Gefühle steigen auf, kommen und gehen wie in einer Bach'schen Fuge. Erst hört man nur zu, dabei erkennt man mal die Linien und manchmal sogar die Gegenlinien. Wenn es sich dann steigert zu einem Brausen, reißt es einen mit, man versteht intuitiv alles und dann auch wieder nichts.

Der Schließer stört mich bei meinen Gedanken. Er holt einige Häftlinge zu einer Fernsehstunde ab. Kalle wird auch aufgerufen.

Im Hinausgehen frage ich ihn: „Wo gibt es denn hier einen Fernseher?"

„Im Nachbargebäude gibt es einen großen Raum, dort steht der Fernseher".

„Na, viel Spaß! Was gibt es denn?"

„Ein Kessel Buntes."

„Und wer darf hingehen?"

„Die, die immer ihre Norm erfüllt haben!"

Ich habe mir Émile Zolas „Nana" ausgeliehen und lege mich damit aufs Bett.

Als der Schließer Kalle zurückbringt, dreht er auch das Licht aus.
Wieder ein Tag vorbei.
Sogar eine Woche ist vorbei.

Frühschicht.
Arbeiten lenkt ab, auch wenn es die stupideste Arbeit der Welt ist.
So stehe ich an meiner Drehbank und fertige Hülse um Hülse.
In der Mittagspause haben wir wieder in den Staub auf der Sitzfläche eines Hockers eine Straßenkarte von Westdeutschland gezeichnet.
Dr. Stefan Sorter leistet uns Gesellschaft.
„Seit wohl schon drüben?"
„In Gedanken schon," antworte ich ihm.
„Hier müßte Stuttgart sein." Er macht auf unsere Karte einen Punkt in die Mitte zwischen Köln und Augsburg.
„Könnte sein", bestätigt der Fernfahrer.
„Da will ich mal hin."
„Familie?" frage ich.
„Nein, einfach so. Ich habe gehört, die reden so ähnlich wie ich, da falle ich nicht so auf."
„Ach übrigens …" er schaut sich unwillkürlich nach allen Seiten um.
„Wenn man beim Drehen den Vorschub kurzzeitig richtig erhöht, fängt das Plastikzeug an zu schwelen, wird in der Absaugung weiter angefacht und dann brennt es.
Die müssen die Absaugung ausschalten und löschen. Das ist mindestens eine Stunde Ausfall."
„Der Meister kommt!" Erwin wischt schnell die Karte weg.
Es ist der Terrier, er kommt direkt auf mich zu:
„Erfüllen Sie immer Ihre Norm, das dürfte Ihnen ja nicht schwerfallen, dann haben Sie hier auch ihren Frieden und stehen die Zeit ohne Ärger durch."

Ich kann mir erneut die Ironie nicht verkneifen: „Solange ich noch da bin, bin ich gerne bereit Ihnen beim Aufbau des Sozialismus zu helfen."

Erwin und Stefan verschwinden lieber, um nicht laut loszulachen. Der Terrier dreht bei und zieht sich in seine Meisterbude zurück.

Die Pause ist vorüber, alle stehen wieder an ihren Maschinen und arbeiten. Plötzlich rieche ich einen leichten Brandgeruch, schaue zu Stefan. Der ist konzentriert über seine Drehbank gebeugt. Aber er richtet sich gerade auf, hat wohl im Rücken meinen Blick gespürt. Er dreht sich zu mir um, sieht meinen Blick, grinst und nickt mit unauffällig zu.

Aha, er war das. Er wollte das wohl schnell vorführen. Mal sehen, wie es weitergeht.

Von den Gefangenen läßt sich niemand anmerken, daß es nach Rauch riecht bzw bereits stinkt. Es soll erst richtig lodern.

Auf einmal bemerkt es auch Kalle, schaltet sofort seine Maschine aus und rennt zur Meisterbude: „Meister es brennt in der Absaugung. Meister es brennt!"

Das Absaugsystem ist aus flexiblen Rohren montiert, die von den Maschinen zu Seitenarmen und dann in den Hauptarm münden, an dessen Ende die großen Propeller sitzen, die den Ansaugdruck erzeugen.

Der alte Meister läßt sich von Kalles Aufregung nicht anstecken, behäbig geht er zum großen Schaltschrank, direkt neben seiner Bude und schaltet die Absaugung aus.

Das dumpfe Röhren erstirbt. Der Terrier kommt mit einem Feuerlöscher in der Hand, bleibt in der Mitte der Werkhalle stehen und sucht, an welcher Stelle des lang verzweigten Absaugsystems, Rauch herausquillt. Dann entdeckt er eine Stelle, an der an einer Naht kleine Rauchwölkchen herausquellen. Zwei Abzweigungen nach Stefans Arbeitsplatz. Dort öffnet er das Rohrsystem und sprüht mit dem Feuerlöscher hinein.

Er läßt den Feuerlöscher stehen und holt aus einem Spint neben dem Schaltschrank einen langen Haken, mit einem Schieber. Den steckt er oben in das Absaugrohr und zieht die sich dort im Laufe der Zeit abgesetzten Plastikspäne heraus und prüft, ob es irgendwo noch glimmt.

„Alles wieder OK." ruft er dem alten Meister zu.

Dann schaut er sich lange im Kreis herum alle Gefangenen an, geht ein paar Schritte auf Stefan zu: „Gefangener Sorter, kehren Sie die Späne hier weg!" und er zeigt auf seine mit dem Haken herausgezogenen Plastikspäne.

Die Absaugung läuft wieder an, die Maschinen starten und es geht weiter.

„Und wenn sie merken, daß das von Dir ausgeht?", frage ich Stefan nach Feierabend.

„Das können Sie nicht und dann müßten sie auch die Absicht beweisen."

„Die Stasi muß Dir gar nichts, die machen Beweise, wenn sie welche brauchen, selbst."

„Zur Ablenkung müßten alle mal zündeln, dann bin ich aus der Schußlinie."

Gute Idee, denke ich. Ablenkungsfeuer legen.

Ich lasse zwei Tage verstreichen. Dann am Mittwoch mache ich mich daran und probiere das auch aus.

Während der Meißel in der Hülse ausdreht, schalte ich den Vorschub aus, nehme die Kurbel selber in die Hand und gebe Gas, bis ich kleine schwarze Späne in die Absaugung fliegen sehe. Die fertige Hülse werfe ich in die Ausschußkiste, und tue völlig harmlos, schalte meine Drehbank ab und hole mir aus dem Pausenraum eine Tasse Muckefuck.

Da höre ich schon Kalle: „Meister es brennt!"

Es hat funktioniert! Toll – ich freue mich.

Abends bereite ich mich auf meinen Vortrag vor.

Metallverarbeitung. Buh, da gibt es soviel zu sagen.

Gerd gibt mir Papier und Stift und ich fange mit den Notizen an.
Ja, was ist das, Metallverarbeitung? Da ist mein leeres Blatt… Ach
was, für heute bin ich zu müde. Ich nehme mir vor, morgen beim
Arbeiten darüber nachzudenken.

„Aufstehen!!!"
Kalfaktoren bringen das Frühstück auf den Flur.
Kalle holt es für unsere Zelle ab.
Frühstück …
Abmarsch.
Arbeit.
Denken: Metallbearbeitung.
Spanende Metallbearbeitung. Das Pressen, Gießen, Walzen,
Schmieden, Biegen und so, laß ich weg.
Meine Drehbank. Der Sockel aus Gußeisen. Oben drauf die Spin-
del, vorne dran das Spannfutter, im Spannfutter fest eingespannt
das Werkstück – hart, Stahl!
Das Werkstück dreht sich, der Meißel ruht. Der Meißel wird an das
Werkstück herangeführt und schneidet …
Ja, das verstehen sie.
Bearbeiten kann ich nur, wenn das Werkzeug härter ist als das
Werkstück.
Also: Das Harte formt das Weiche.
Ja, das verstehen sie.
Am Werkzeugtisch der Meißel – hart Stahl, daran vorne ein
Zusatzblättchen aufgesetzt: Vanadium, härter als Stahl.
Ja, das verstehen sie auch.
Also, das kleine Blättchen vorne am Meißel ist aus Vanadium,
Vanadium ist härter als Stahl und kann somit beim Stahl Späne
abheben.
Dazu kommen Geschwindigkeit und Winkel.
Das verstehen sie auch.
Na, wer sagt's denn, in mir steckt ein kleiner Pestalozzi.

Den Vortrag mach' ich aus dem Stegreif. Ach was, das ist mir in der Schule auch gut gelungen.

Auf dem Rückweg zum Zellentrakt, als wir an dem wild kläffenden Hund vorbeikommen, denke ich, ob der wohl nur bellt, weil er glaubt er muß bellen und wild tun, damit er was zu fressen bekommt?
Nee, absurd bei Tieren, aber möglich bei Menschen?
Diensteifer vortäuschen? Von unseren Schließern könnte der Dicke ein solcher sein. Der kleine drahtige, der mit dem bösen Blick, den sie RT für Roter Terror nennen, ist voller Diensteifer, mehr noch, bestimmt Sadist und hat Freude, uns zu schikanieren.

Als wir im Treppenhaus am Dienstraum der Schließer vorbeikommen, kommt ein Schließer heraus und befiehlt:
„Halt!"
Alle bleiben stehen.
„Gefangener Koch!"
Erstaunt blicke ich auf: „Ja, hier!" und hebe meine Hand.
Er kommt tatsächlich auf mich zu und gibt mir einen schon geöffneten Brief in die Hand.
„Abmarsch – Weiter geht's!"
In unserer Zelle angekommen, nehme ich mir Zeit. Lege mir den Brief aufs Kopfkissen, wasche mich, der Befehl zum Freigang ertönt. Ich schaue den Brief noch einmal an, gehe aber ohne ihn anzufassen zum Freigang.
Während des Freigangs wähle ich die ganz äußere Spur, um ganz langsam gehen zu können.
An meiner Jacke schlage ich den Kragen hoch. Ich will allein laufen, ziehe die Schultern etwas an und halte den Kopf gesenkt.
Laßt mich in Ruhe!
Es wirkt. Alle tun so, als ob ich ganz und gar allein auf dem Freigang wäre.

Mein Brief hat sich herumgesprochen, auch, daß ich ihn noch nicht gelesen habe.

Die Handschrift eindeutig Renate, der Absender aber meine Schwester.

Logisch, es dürfen nur Angehörige schreiben.

Wir sind schon so lange getrennt. Aus den Augen aus dem Sinn.

Keine Herzensbindung zurücklassen, wenn man durch den Eisernen Vorhang gehen will.

Nach dem Freigang nehme ich den Brief. In winziger Schrift, eine eng beschriebene DIN-A4 Seite. Darin lese ich von dem was passiert ist in Eisenach und viel mehr von Sehnsucht und Liebe.

Das trifft in mir, wie sagte unser Chemielehrer Jüngel: bei Molekülen auf offene Valenzen. Ich kann nichts tun, wie ein Molekül in der Ursuppe, es wirken die gleichen Mechanismen, an mir dockt sich eine Bindung an.

Ich schlafe schlecht.

Morgens komme ich kaum hoch und gähne ohne Ende.

„Na, wie war die Nacht?" fragt Gerd beim Frühstück, als er mich so müde sitzen sieht.

„Wie ist einem wohl zumute, wenn man in der Wüste nichts zu trinken hat und jemand erzählt von Wasser, so kühl und sooo frisch! Kannst Du dann schlafen oder bekommst Du noch größeren Durst?"

„Schon gut, schon gut – verstehe."

„Fertigmachen zur Arbeit!"

„Los Jungs, hört ihr es, auf geht's: den Sozialismus stärken!"

„Vorsicht, nicht drängeln, die Ersten werden die Letzten sein!"

„Das gilt aber nicht für den Transport nach Gießen!"

„Abmarsch! Abmarsch! Los los!" ruft draußen vom Flur der Schließer.

Auf dem Hinweg zur Sprela habe ich es geschafft, mit dem Hunde einen Blickkontakt aufzunehmen. Wir haben uns kurz mit den Augen fixiert. Ich müßte ihm mal was zum Fressen rüberwerfen, vielleicht eine Kartoffel.

Gesagt, getan. Beim Essen habe ich eine Kartoffel abgezweigt, in ein Stück Papier eingewickelt und auf dem Rückmarsch zum Zellentrakt mitgenommen.

Jetzt versuche ich den Rabentrick und rufe ganz laut „Hey, schaut mal dort der riesige Rabe!" und zeige mit dem Arm nach links. Tatsächlich, alle, auch die Schließer, schauen sofort dorthin und ich kann unbemerkt rechts, die ausgepackte Kartoffel über den Zaun werfen.

Er kommt, schnüffelt und frißt sie gierig auf.

Ich freue mich jetzt auf Émile Zola, hinlegen, dösen – Feierabend.

Es ist im Knast schon ein Unterschied, ob es ein Arbeitstag ist. Der hat den Vorteil, daß man durch die Arbeit abgelenkt wird und einem arbeitsfreien Tag, der hat den Vorteil, daß man nicht arbeiten muß.

Ich habe mich gerade aufs Bett gehauen, da kommt Stefan herein, setzt sich zu mir.

„Hör mal, bald ist Weihnachten, danach kommt höchstwahrscheinlich Silvester. Wir brauchen was zum Feiern und Anstoßen."

„Und Du hast bestimmt schon eine Idee?"

„Nu gloar!" sächselt er besonders übertrieben.

„In der Sprela gibt es ein paar Plastiksäcke. Die können wir herschmuggeln. In die kommt Wasser, dann viel Marmelade und wir nehmen als Hefeersatz Brot, das wird gründlich zerbröselt und dann zu dem Wasser und der Marmelade getan. Das ganze verschließen wir und verstecken es. Wenn wir zwei Plastiksäcke hätten, bekäme jeder einen Zahnputzbecher voll ab.

In der großen 12-Mann Zelle könne wir nichts verstecken, aber hier bei Dir und bei mir, da geht das. Du mußt Kalle ablenken, der darf nichts mit bekommen."

„Wo willst Du das verstecken, die filzen doch regelmäßig?"

„Hinter der Heizung, dann hat es auch die richtige Temperatur zum Gären."

„OK, ich bin dabei."

„Was macht Ihr heute Abend noch? Kino, Theater, Essen gehen?"

„Nö, ich bleib mal zu Hause, leg' mich aufs Bett und lese."

„Auch gut. Dann schönen Abend!" und geht.

Der Schließer dreht seine Runde, die Zellentüren werden verschlossen.

Als das Licht ausgeht, sagt Herbert noch: „Wißt Ihr, Knast erhält jung. Ja, habe ich gehört. Kein Streß, regelmäßiges Essen, viel Schlaf."

„Dann schlafe Dich jung! Gute Nacht!"

„Morgen ist Sonnabend, ausschlafen!"

Beim Freigang habe ich heimlich meinen Vortrag geübt und bin ganz außen gegangen. Habe den Text lautlos vor mich hingesprochen.

„Du denkst morgen an Deinen Vortrag?" spricht mich Kurt im Vorbeigehen an.

„Bin schon am üben."

Das kann doch nicht sein, daß ich wegen so eines läppischen Vortrags Lampenfieber bekomme?

Es ist sehr kühl, meine Jacke dünn und ich friere. Ich schlage meinen Kragen hoch und verlasse meinen Außenkreis und geselle mich zu Herbert.

„Stefan macht uns zu Silvester eine schöne Erdbeerbowle."

„Du spinnst ja."

„Echt wahr. Mit Brotwein als Grundlage und Marmelade."

„Na dann mal Prost!"

Zur Mittagszeit, als der Schließer mit den Kalfaktoren das Essen bringt, kommt er in unsere Zelle: „Strafgefangener Koch, Ihnen wurde für morgen ein Sprecher genehmigt."

„Aber ich habe doch gar keinen beantragt?"

„Den haben Ihre Eltern beantragt. Morgen Vormittag, Sie werden abgeholt."

Mir ist das nicht recht. Was wollen die hier? Die weite Fahrt. Ich habe auch keine Sehnsucht, sie zu sehen.

Was war da schon, ich bin doch erwachsen aus dem Haus!

Ja, zur Armeezeit hat mich Mutter mal besucht. Im Lazarett. Hat Kuchen gebacken, sogar eine Pulle geschmuggelt.

Am Abend kommt einer aus Karls Zelle und setzt sich neben mich: „Meine Frau, sitzt in Hoheneck. Ich weiß nicht, ob sie auf den Listen ist. Wir hatten keinen Dr. Vogel."

Er kramt aus seiner Hosentasche einen vielfach zusammengefalteten Zettel heraus.

„Kannst Du diesen Kassiber an Deine Eltern geben. Die sollen das bitte bitte nach'm Westen melden. An die Regierung oder so."

„Und wenn die mich erwischen?"

„Dann schluck ihn sofort herunter. Den dürfen die nicht bekommen, sonst muß meine Frau dafür büßen."

„Und was passiert mir?"

„Wenn 'se den Zettel bekommen, dann hängen 'se Dir was an. Bis zu Spionage. Wenn 'se den nicht kriegen, wird nur der Sprecher abgebrochen."

Ich nehme ihm den Zettel aus der Hand: „Was hast Du bekommen?"

„Drei Jahre ich, meine Frau zweieinhalb und unser Sohn ist ins Heim gekommen, durfte nicht mal zur Oma."

Dabei laufen ihm die Tränen herunter.

Herbert sieht ihn so weinen und setzt sich zu uns aufs Bett.

„Wie lange haste schon?"

„Mit der U-Haft ist jetzt das erste Jahr fast voll."

„Ich will keine Amnestiegerüchte schüren" sagt Herbert „aber ein Bischof kommt zu Weihnachten in den Knast zu den Politischen."

Sonst stören mich die Schlafgeräusche meiner Zellengenossen nicht, aber heute stört mich jedes Atmen. Erst gegen Morgen schlafe ich ein.

„Aufstehen!!!"

Kalfaktoren bringen das Frühstück auf den Flur.

Kalle holt es für unsere Zelle ab.

Frühstück …

Ich nehme den Kassiber und falte ihn auseinander. Es steht nur ein Name mit Adresse drauf.

OK ich mach's. Wird schon gut gehen. Ich falte ihn wieder zusammen und verstecke ihn in der Saumnaht meiner Jacke.

„Fertigmachen zum Freigang!!!"

Ich ziehe meine Jacke über und gehe mit auf den Flur.

Der kleine dicke Schließer steht in der offenen Tür zum Treppenhaus.

„Abmarsch!"

Als ich an ihm vorbei zur Treppe möchte, versperrt er mir mit dem Gummiknüppel den Weg.

„Zurück in die Zelle und kämmen Sie sich mal!"

Ach, bin ich froh, der Dicke und nicht RT. Der wird mir nicht gleich den Kopf abreißen.

Nach fünf Minuten holt er mich ab. Es geht durch den Keller hinüber in das Nachbargebäude, darin wieder hoch und zurück ins Parterre. Wir erreichen einen langen Flur, in der Mitte ein paar Holzkabinen, ähnlich wie viel zu kleine nebeneinanderliegende Telephonzellen. Zur anderen Seite auch solch eine Gittertür.

Er steckt mich in eine dieser Holzkabinen.

Es ist eng. Ich habe gerade genügend Platz, mich auf den Hocker zu setzen.

Ab und zu höre ich das Schließen und Quietschen der Gittertür, dann die Holztüren der Kabinen. In meine Nachbarzelle wird auch ein Häftling gebracht.

Es ist etwa eine Viertelstunde vergangen. Keine Häftlinge wurden mehr gebracht, auch sonst keine Geräusche. Sehr leise pfeife ich unseren Familienpfiff.

Sofort eine leise Antwort. Maximilian ist auch da.

Am liebsten würde ich sie nicht sehen. Irgendwie habe ich ein gespaltenes Gefühl. Einerseits freue ich mich darauf, sie zu sehen, andererseits möchte ich sie nicht leiden sehen, wenn wir ihnen in den Sträflingsklamotten gegenüber sitzen.

Von der anderen Seite des Flures höre ich Stimmen. Die Gittertür wird geöffnet und Schritte trappeln. Noch eine Tür wird geöffnet, das muß direkt gegenüber meiner Kabine sein. Mir ist da keine Tür aufgefallen.

Eine Schließer, dessen Stimme ich noch nicht gehört habe gibt Anweisungen:

„Es ist verboten über Dinge der Haftanstalt zu reden. Es ist verboten Dinge zu übergeben. Geschenke an die Häftlinge werden erst von uns geprüft. Bei Zuwiderhandlung wird der Sprecher sofort abgebrochen."

Meine Kabinentür öffnet sich. Der Dicke steht da, zeigt mit dem Gummiknüppel Richtung Tür. Ich gehe hinein. Ein langer, schmuckloser Raum mit einem langen, breiten Tisch. Platz für mindestens 15 Personen an jeder Seite.

Außer Honecker hängen keine Bilder. Das Fenster vergittert, aber ohne Blende.

An jeder Stirnseite sitzt ein Schließer.

Die Eltern sitzen links, aber zum Glück sind bis zum Schließer noch ein paar Stühle dazwischen.

Hinter mir schiebt sich ein weiterer Häftling, er will an mir vorbei, zu seinen Angehörigen weiter vorne.

Dann kommt auch Maximilian.

Bevor wir uns den Eltern zuwenden, haben wir erst mal unseren Sprecher.

Der läuft eher nonverbal ab. „Alles klar, gehts gut?" „Klar, super, alles Bestens", begleitet von jeder Menge Knüffe und Stöße mit dem Ellenbogen.

Wir sitzen nebeneinander und strahlen Kraft und Zuversicht aus. Gegenüber unsere Eltern, eher das Gegenteil.

Mutter war beim Friseur mit frischer Dauerwelle und trägt ihr gutes Kostüm. Vater im dunklen Anzug, mit Schlips.

166

Mutter weint. „Ich hab' Euch einen Kuchen gebacken. Kalter Hund!" und schluchzt und weint immer weiter.

Um sie zu trösten redet Maximilian los:

„Es ist genau umgekehrt, Ihr seid im Gefängnis! Wir sind schon in der Schleuse zur Freiheit. Hinter uns ist die eine Tür bereits zu, es öffnet sich bald die vordere Tür und dann sind wir für immer frei. Ihr müßt zurück."

Da müssen sie sogar beide lächeln.

Maximilian fragt nach seinen Kumpels, wie es denen so geht. Juliane erzählt, daß Renate jetzt sehr oft da sei und viel helfen würde.

Während Maximilian redet, fummle ich den Kassiber aus meinem Jackensaum. Ich halte ihn verdeckt in der Hand und lehne mich dann weit über den Tisch vor, als ob ich besser hören möchte. Ich warte auf einen guten Moment, um den Kassiber mit den Fingern hinüberschnipsen zu können. Im Augenwinkel behalte ich den Schließer in meiner Nähe.

Gerade als ich losschnipsen will, steht der andere Schließer hastig auf: „Halt, was haben Sie da in der Hand?" und steuert direkt auf mich zu.

Mutters Gesicht ist die blanke Panik. Ich stecke den Kassiber in den Mund und versuche, ihn zu verschlucken. Keine Spucke, ich würge und würge und dann steckt er mir in der Speiseröhre fest.

Der Schließer hat mich erreicht, grabscht nach meiner Hand, sieht diese leer und mich schlucken.

Er hält mich am Oberarm fest und bringt mich zurück in die Kabine. Zurückschauen kann ich nicht, um zu sehen, wie es den Eltern ergangen ist.

In der Kabine neben mir kommt auch Maximilian an.

„Alles klar?" ruft er.

„Na klar, alles OK", antworte ich ihm.

Der Schließer muß wohl noch draußen vor den Kabinentüren gestanden haben. Er klopft sofort heftig mit dem Schlüsselbund gegen die Kabinentür: „Ruhe da drin!"

Es vergeht eine Viertelstunde. Aus dem Sprecherraum kann ich noch die Stimmen der anderen hören. Meine Kabinentür öffnet sich, der Dicke bringt mich zurück zum Zellentrakt.

„Kurzen Sprecher gehabt", er lacht. „War das denn so wichtig, das Ihr das nicht lassen könnt.

Einen Kuchen gibt es, da hat sich Muttern wohl große Mühe gegeben, der muß erst untersucht werden."

Wir erreichen den Zellentrakt – er schließt hinter mir die Flurtür ab.

Im Flur wartet schon der Absender des Kassibers. Mit dem Daumen nach unten mache ich ihm ein Zeichen, daß es schief gegangen ist. Wir gehen in meine Zelle und setzen uns auf's Bett.

„Wo ist der Kassiber?" fragt er mich.

Ich zeige auf meinen Bauch „Hier drinnen!"

„Ist Dir was passiert?"

„Nein, nur Sprecher abgebrochen."

„Tut mir sehr leid."

„Schon gut – hmm, mir kommt da eine Idee, wie wir Deine Daten sicher in den Westen bekommen."

Ich erinnere mich, daß wir in der U-Haft die Adressen auswendig gelernt haben.

„Wir suchen uns drei Kandidaten, die transportreif sind und bitten Sie, die Daten Deiner Frau auswendig zu lernen und bei Ankunft im Lager Gießen kundzutun."

Sein Gesicht hellt sich auf.

Aufregung macht mir immer einen Mordshunger. Draußen klappern die Essenskübel.

Heute Sonntagsessen: Kartoffelmatsch, Kraut, braune Soße und Gerd trompetet: „Hier sogar Fleisch, eine richtige dicke Fleischfaser!"

Satt lege ich mich aufs Bett. Nehme mir „Nana" und lese weiter. Nanas Bettgeschichten.

Kurt setzt sich zu mir:

„Na, Du denkst aber schon an den Vortrag?"

Siedendheiß durchzuckt es mich. Den hatte ich bei der ganzen Aufregung völlig vergessen.

„Klar!" sage ich und lasse mir nichts anmerken.

„OK, dann bis gleich!"

Da zieht er wieder Leine, ich springe auf, suche nach meinem Spickzettel.

Punkt für Punkt gehe ich noch einmal alle meine Stichworte durch, dann versuche ich zwei, drei Sätze zu bilden, laß es aber sein. Meine Improvisationsgabe wird mich schon nicht im Stich lassen.

Pünktlich bin ich gegenüber in der Zelle. Wie bei Stefan auch, alle Plätze besetzt.

Wie Stefan habe ich auch erst mal einen Kloß im Hals, räusper, räusper, dann stelle ich mich vor, nenne mein Thema und der Bann ist gebrochen. Ich rede, weil es mir Freude macht, von Eisen und Stahl, daß beim Fräsen das Werkstück feststeht, das Werkzeug sich dreht und man so Flächen bearbeiten kann, aber beim Drehen dagegen das Werkzeug fest steht und sich das Werkstück dreht und man so runde Werkstücke bearbeiten kann. Ich erkläre, daß das härtere Material das Weichere bearbeiten kann und man deshalb vorne an den sowieso harten Meißel zusätzlich extra ein besonders gehärtetes Stück aufsetzt, Vidia-Blättchen genannt.

Als Abschluß erzähle ich eine Anekdote, um auf den Faktor Geschwindigkeit hinzuweisen. Wie ich als Lehrling in der Schleiferei, als ich mal den Vorschub etwas zu schnell eingestellt hatte und dadurch das Werkstück eine bläuliche Färbung bekam. Ich bekam dafür wiederum eine Fünf.

Dann erläutere ich noch, was es in der Sprela nicht gibt. Hier wird immer nur ein Arbeitsgang am Werkstück ausgeführt und nicht, wie z.B. bei der Schraubenfertigung erst gedreht und dann Gewinde geschnitten. Daß es Revolverdrehbänke gibt, bei denen mehrere Werkzeuge auf einer drehbaren Stirnplatte aufgebracht sind. Ohne neu einrichten zu müssen, kann man mit dem nächsten Arbeitsgang weitermachen, indem nur diese Werkzeugplatte ein Raster weitergedreht wird. Da das aussieht wie bei einem Revolver mit seinen Patronen, nennt man diese Drehbänke Revolverdrehbänke. Buuuhh! – Geschafft.

Tief Luftholen.

Ich lege mich auf mein Bett, erst mal Abstand.

Mit der Kalten am Abend bekomme ich meinen „Kalten Hund". Vollständig zerbröselt. Ich teile ihn mit meinen Zellengenossen. Mhhhm Schokolade … wir genießen bedächtig.

Spätschicht

Ausschlafen, Frühstück, Freigang, Arbeit, Alltag, Routine, Monotonie.

Montag, Dienstag, Mittwoch, Donnerstag, Freitag.

Die Plastiksäcke sind heil hinter unserer Heizung verstaut.

Freitag: das Klo mit Tür.

Schichtende – müde – Rückweg zum Zellentrackt.

Wenn ich in die Sterne schaue, fühle ich manchmal nichts, manchmal Geborgenheit, aber manchmal überkommt mich dabei frierende Einsamkeit. Heute ist es kalt, schlimm kalt.

Als wir an der Außenmauer vorbeikommen, kläfft wie immer der Hund. Ich gebe ihm jetzt einen Namen: Kumpel! Das klingt gut und paßt zu ihm.

„Hallo Kumpel, Gute Nacht!"

Samstag Ausschlafen.

Gerd kommt beim Freigang zu mir in den Außenring.

„Du bist die ganze Woche so still, was ist los?"

„Ich mache mir Sorgen, meine Eltern, der abgebrochene Sprecher, mein kleiner Bruder, ob uns der Bischof hier heraush olt, viele Sorgen, da habe ich mich ein wenig zurückgezogen, mein Schneckenhaus zu und dicht gemacht, das Grübeln abschalten, es einfach in den Winterschlaf schicken … überleben, das hier überleben!"

„Au Backe, laß nur den Kopf nicht hängen."

„Morgen ist der dritte Advent."

„Ob die wohl einen Baum aufstellen?"

Auf dem Absatz vor der Eingangstür erscheint der Dicke:

„Freigang be-eeeenden!"

Da muß ich lachen und sage zu Gerd: „Ist Dir schon mal aufgefallen, daß der Dicke die Befehle immer singt, wie die Matrosen auf See und RT die Befehle immer bellt, wie bei der Armee?"

„Nein, nur daß wir froh sein dürfen, daß RT so oft beim Pentacon drüben ist und nicht bei uns Dienst hat. Dort hat er schon mit seinem Schlüssel einem Häftling den Kiefer zerschmettert."

„Wie kommt wohl der Dicke hier in den Knast als Schließer? Der ist doch gar nicht der Typ dafür?"

„Wie das so geht im Leben. Vielleicht war er statt zur Armee, bei der Bereitschaftspolizei, dann ist er Polizist geworden und dann vielleicht hierher versetzt – ein Dienstbefehl. Er ist wohl einer von denen, die nicht mal auf die Idee kommen, ihr Leben selbst zu lenken, die treiben so dahin."

„Und RT, was meinst Du, was ist das für einer?", frage ich ihn.

„Ich denke, der ist Psychopath und schwerer Sadist. Der fühlt sich hier pudelwohl, hier kann er sich ausleben."

Wir laufen die Treppe hoch und als alle im Flur sind, schließt der Dicke hinter uns die Gittertür zu.

Der Tag vergeht … Mittag … Abends die Kalte.

Nach der Kalten kommt Kurt in unsere Zelle:

„Wer möchte, darf sich hier in die Liste für den Weihnachtsgottesdienst am 25.12. eintragen.

Alle außer Kalle tragen sich ein.

„Einschluß!"

Alle gehen auf ihre Zelle.

Licht aus.

Wieder einen Tag im Knast geschafft.

„Gute Nacht allerseits."

„Gute Nacht!"

Frühschicht

In der Mittagspause sitzen Erwin und ich zusammen hinten. Wir schaffen es mittlerweile, für Westdeutschland die großen Städte und die Hauptautobahnen in unsere Staubkarte einzuzeichnen. Wir fangen täglich immer wieder von vorne an und uns fällt immer noch ein weiterer Stadtname ein, bei dem wir überlegen, wo er sein könnte.

„Bamberg?"

„Hier unten, südlich von Sonneberg."

„Hof?"

„Ist doch ganz einfach: hier von Leipzig die Autobahn Richtung Nürnberg, gleich hinter der bayerischen Grenze."

Ich kann nicht sagen warum, aber dieses Landkartenzeichnen ist fast wie eine Sucht. Immer wieder fangen wir damit an und es tut einfach gut.

Auf dem Rückweg von der Arbeit habe ich zweimal Kumpel eine Kartoffel über den Zaun zugeworfen. Er macht sich vor Hunger und Gier nicht die Mühe zu kauen, er atmet sie einfach ein.

Neben mir geht Stefan.

„Wir haben doch nächste Woche Spätschicht und der 24.12. ist ein Sonnabend. Wie ist das mit den Feiertagen?"

„Pech in diesem Jahr, fällt auf einen Sonntag, aber der Montag ist frei, Zweiter Weihnachtstag – ansonsten immer fein rabotti rabotti!"

„Du bist eh' im Knast, was soll's. Wir haben wieder eine Woche um. Morgen ist Weihnachten! Hast Du schon alle Geschenke zusammen? Na, dann mach' aber mal hinne!" und klopft mir auf die Schulter.

Wir trappeln müde die Treppen hoch.

„Ab in die Zellen!"

Der Dicke schließt die Gittertür vom Flur ab.

„Einschluß!"

Er geht von Zelle zu Zelle, schließt ab und schiebt beide Riegel zu.

„Licht aus."

„Gute Nacht allerseits."
„Gute Nacht!"
Kalt ist es. Ich stehe noch mal auf und stelle mich ans Fenster.
Oben, durch den schmalen Schlitz zwischen Fenster und Blende
kann ich keine Sterne sehen, der Himmel ist bedeckt.

Weihnachten
„Frohes Fest!"
Gerd steht an seinem Bett und schüttelt die Decke auf. Ich habe
wieder am längsten geschlafen. Kalle kommt bereits mit dem
Frühstück in die Zelle.
Kurt steckt den Kopf kurz zur Tür herein: „Euch allen ein frohes
Weihnachtsfest!"
Nichts deutet auf Weihnachten hin, keine Kerze, kein grüner
Zweig, weder Plätzchen oder Stollen noch irgendetwas Weihnacht-
liches: Null Komma Nichts.
Das ist doch der wichtigste Tag im Leben eines Kindes. Vorfreude
auf den Weihnachtsabend. Der Baum, die Geschenke.
Wir hier heute: einfach abgammeln.
„Freeeiiigaaang!"
Wir kommen heraus: doch Weihnachtsstimmung. Es hat geschneit.
Der Schotterhof nicht mehr so grau-rot-trist. Doch für eine
Schneeballschlacht ist es zu wenig.
Stefan dreht eine Runde mit mir: „Solche Tage muß man einfach
durchstehen", sagt er. „Nur keine Melancholie!" Und dabei betont
er das Wort Melancholi-é, hinten und spricht i und e getrennt, so
daß es sehr lustig klingt.

„Gut, gut, dann bringen wir den Tag mal hinter uns – wie wäre es
mit Schach?"
„Ok, gerne und falls Kalle mal Tischtennis spielt, können wir auch
nach dem Wein sehen."
Erwin zaubert unversehens eine Kerze hervor. Eine kleine Blech-
schale, könnte eine Verschlußkappe bei der Absaugung gewesen

sein, darin dick Margarine und aus einem dicken Bindfaden ein Docht. Er zündet sie an. Sie blakt stark, trotzdem schön.

Und irgendwann endlich:

„Einschluß!"

Das Licht geht aus.

„Gute Nacht!"

„Gute Nacht!"

Völlig unspektakulär beginnt der Tag.

Die halbdunkle enge Zelle, das Frühstück wird auf den Flur gebracht, Gerd putzt sich die Zähne.

Heute kommt der Bischof. Ach was, ein Knasttag, wie jeder andere auch. Nichts wird passieren.

Ich setze mich zum Frühstück.

Karl kommt an die Zellentür.

„Leute: Ansage vom Dicken, heute 10:00 Uhr Gottesdienst.

Jeder, der sich auf die Liste gesetzt hat, darf auch hingehen, egal ob evangelisch oder katholisch."

„Dann ist wohl Freigang nachmittags?" fragt Gerd.

„Wird wohl so sein."

Nach dem Frühstück geht's los.

Der Dicke und RT kommen.

RT bellt: „Alle auf die Zellen!"

Er klopft heftig mit seinem Gummiknüppel gegen das Gitter der Flurtür, daß es nur so scheppert.

„Wen ich aufrufe, der tritt heraus!" und er beginnt die Namen aufzurufen. Ich bin auch dabei und stelle mich zu den Anderen im Flur.

Über den Hof bringen sie uns ins Nachbargebäude, dort die Treppe hinauf, hoch bis in den obersten Stock.

Dort kommen wir in einen großen Raum, vergitterte Fenster aber keine Blenden davor. An der Stirnseite mit zwei zusammengestellten Tischen ist ein Altar aufgebaut.

Die Antependien in den Weihnachtsfarben: weiß. In der Mitte ein großes, hölzernes Kruzifix.

Der Boden ist, wie in unseren Zellen auch, gebohnerter Beton. Es sind mehrere Stuhlreihen aufgestellt, in der Mitte ein breiter Gang. Hinten an der Wand nebeneinander, stehen zwei Stasi-Leutnants und unterhalten sich leise.

„Sprela Schicht eins hier setzen!" kommt das Kommando von RT.

Nach ca. 5 Minuten wird auch die andere Sprela-Schicht gebracht und muß hinter uns Platz nehmen.

An der anderen Seite des Raumes wird eine Tür geöffnet und die Gefangenen aus dem Pentacontrakt werden hereingeführt.

Erwin, neben mir, stößt mich an. „Der große dunkle Schließer, das ist Arafat. Der ist noch brutaler als RT und den daneben, den nennen sie Texaner. Die sind alle schon in Salzgitter angezeigt wegen Gefangenenmißhandlung".

Ich sehe Maximilian und kann ihm zunicken.

Alle sitzen, kein Mucks ist zu hören.

Jetzt kommt der Bischof aus einer Tür an der Rückseite bei den Stasi-Leuten. Unaufgefordert stehen wir alle auf. Er trägt einen schwarzen Talar, dazu am Hals ein weißes Bäffchen. So kommt er den Mittelgang entlang und stellt sich vorn vor den Altar, verbeugt sich und dreht sich dann zu uns um.

Andächtige Stille.

Als ob er jeden einzelnen anschauen möchte, mustert er uns Reihe für Reihe.

Dann, mit einem freundlichen Nicken begrüßt er uns:

„Liebe Gemeinde!"

Wie er den Mund aufmacht, dachte ich schon für einen kurzen Moment, er würde uns mit ‚liebe Häftlinge‘ oder ‚liebe Gefangene‘ anreden.

„Ich bin hergekommen, um Ihnen die frohe Weihnachtsbotschaft zu bringen.“
An dieser Stelle haben wohl im kollektiven Gleichklang alle Häftlinge den Gedanken „AMNESTIE“ gehabt.
Aber mit keiner Silbe geht er darauf ein, sondern trägt in einem leichten Singsang-Ton die Weihnachtsgeschichte vor. Ohne Organisten klingt unser anschließendes: „Vom Himmel Hoch“ mager, da nur er und Kurt laut und deutlich singen und wir anderen leise brummen.
Seine Predigt handelt von Mut und Kraft zum Durchhalten. Es gibt schwere und dann wieder schöne Zeiten im Leben.
Dann, auf sein Zeichen hin, müssen wir uns zum „Vater unser“ erheben.
Bedeutungsschwer geht es weiter. Nach einer Lesung singen wir zusammen unsere trotzige Jungscharhymne: „We shall overcome“ und nach dem Segen: „Ein feste Burg ist unser Gott“.
Langsam schreitet er wieder den Mittelgang entlang, hinaus.

Das war's schon? Eigentlich hatte ich mir keine rechten Vorstellungen gemacht, was das ist, ein Gottesdienst vom Bischof. Aber das jetzt war Wassersuppe und wir hatten ein Festessen erwartet.
War das eine versteckte Botschaft, ein halboffener Hinweis auf irgend etwas Hoffnungsvolles?
In allen Gesichtern große Enttäuschung.
Die Stasi-Leute sind bereits weg.
Wir werden zurück in den Zellentrakt gebracht.

Die Kalfaktoren warten auf dem Flur mit den Essenskübeln.
„Heute Weihnachtsessen!“ rufen sie uns entgegen.
Wir holen unsere Teller und stellen uns an die Schlange.

Vorne in der Schlange grölt einer: „Ich hätte nicht gedacht, daß das technisch überhaupt möglich ist: da sieh mal, was ich gefunden habe, eine Roulade, so groß, wie mein kleiner Finger." Dazu gibt es den gewohnten Kartoffelmatsch, Kraut und darüber die braune Soße.

Mir ist die Mini-Roulade eher wurscht, meine Gedanken drehen sich um den Bischof.

Beim Freigang überlege ich, ob er uns alle so genau gemustert hat, weil er Gesichter wiedererkennen wollte?

Was bedeutet sein ‚Durchhalten, es kommen bessere Zeiten?'

Bin ich noch ein weiteres Weihnachten hier? Regulär ja, sogar dieses und auch das nächste Ostern!

Holt er uns hier heraus? Nicht gleich, erst im Januar, so eine Schamfrist, daß sie ihr Gesicht wahren können?

Karl kommt zu mir: „Der Vortrag Albert Schweitzer ist erst nächste Woche. Ich habe nicht bedacht, daß 4. Advent und Weihnachten auf einen Tag fallen."

„Was sagst Du zum Bischof?" frage ich ihn.

„Ach, was soll ich sagen. Es sind zweierlei Begabungen, ob man in der Verwaltung Erfolg hat und aufsteigt oder im Beruf, als Seelsorger. Er ist in der Verwaltung aufgestiegen. Sein guter Wille zählt, seine Predigt war dürftig."

„Was glaubst Du, wollte er uns sagen?"

„Ich denke, sein Besuch ist die Nachricht – mehr nicht. Für uns wird sich nichts ändern."

Er zieht weiter, um den anderen auch den Vortrag abzusagen.

So laufe ich allein und grüble vor mich hin.

Zum Abendessen machen wir noch einmal die Margarinenkerze an und dann ist der Weihnachtstag auch geschafft.

„Einschluß!"

Gleich darauf geht das Licht aus.

Sehr kalte Luft zieht herein, es wird Winter.

„Gute Nacht!"

„Gute Nacht allerseits!"

Die Riegel schnappen, die Zellentür wird aufgeschlossen. Draußen klappern die Essenskübel für's Frühstück.
In der Freistunde kommt Stefan zu mir. Wir laufen eine Weile schweigend nebeneinander her.
„Du …" fängt er langsam an, atmet tief durch „ich habe da ein Buch, aus dem Leben eines Ingenieurs. Spielt in Griechenland. So ein verrückter Bergbauingenieur. Der fühlt das Leben ganz anders, als wir das kennen. Kopfüber stürzt der sich in Ideen, begeistert sich und andere. Liebt die Liebe, ist Mensch, daß einem vor Sehnsucht die Luft weg bleibt. Das Projekt und auch die Liebe nehmen einen tragischen Verlauf, dabei bebt und pulsiert das Leben noch im tragischen Ende voller Wärme, Licht, Musik und Schönheit."
Wir laufen wieder schweigend fast eine ganze Runde.
„Um das Buch gibt es eine Warteliste, aber ich muß es erst am Donnerstag zurückgeben. Wenn Du möchtest, kannst Du es bis dahin haben? „Alexis Sorbas" von Nikos Kazantzakis."
„Ja gerne, und wenn Du möchtest, ich habe Émile Zolas ‚Nana' ausgelesen?"
„Dann bringe ich es nachher mit, wenn ich den Wein entlüfte."

Mit dem Buch versinke ich in eine wunderbare Welt.
Beim ‚Werther' oder ‚Den Heiden von Kumerow' habe ich schon gelernt, die Landschaft ganz anders mit aufzunehmen aber jetzt, die kräftige, blumige Sprache und dazu diese Landschaft nehmen mich vollständig mit. Ich sitze auch in einer kleinen griechischen Pinte, bekomme einen Mokka, rieche das Meer, die Fische, den Hafen, sehe die Boote und spüre die Kraft von Alexis Sorbas, wie er seinen Boß begeistert, das Bergbau-Projekt zu beginnen, Zweifel wegfegt, vorwärts schaut. Dazu die Freundschaft und gegenseitige Achtung der Männer und nicht, wie hier überall, Chef und gehorchende Untergebene und dann wie wunderbar, Sorbas, Sorbas und die Liebe.

Zwei Frauenfiguren, eine gealterte Lebedame, der er ein Leuchten in den Augen zurückbringt und eine verschlossene Witwe, mit der er nach vielen Ängsten, Sehnsüchten und beiderseitigen Hemmungen, eine Begegnung hat, die so intensiv beschrieben ist, daß ich Begehren, Verweigern, Bartstoppeln, Tabakgeruch, harte und weiche Hände mitspüre.

Sorbas, das ist Kraft, Freude, Begeisterung für's Leben, Taumel, Rausch, Ekstase in Gerüchen, Gefühlen, Sehnsüchten und keine Angst, keine Lüge, keine Stechuhr.
Was für ein Mann!

Da wird meine Zelle wieder eng, klein, stinkend, dunkel und kaum zu ertragen.

Sorbas, da kommen Traum und Wirklichkeit zusammen.
Das Leben beginnt nicht erst nach dem Ertönen der Hupen zum Feierabend.
Das Leben ist alles, von früh bis spät, die Nacht, der Tag, das Essen, das Schwitzen und das Frieren.

Atmen

Atmen

Atmen

oder auch das Jetzt, das Hier im Knast, das Eingesperrt sein!
Dies Weihnachten und dann noch ein Weihnachten – ertragen,
erleben – Leben.
Mein Leben.

2. Weihnachtsfeiertag.
Ich lese, lese, lese: die Zeit tickt schneller, im Nu der Tag vorbei.
Zur Arbeit nehme ich es mit, lese in der Mittagspause, abends
klappe ich es erst beim „Licht aus" zu.
Am Rande höre ich, von Gerd, der mit Erwin Schach spielt, „Ach
laß ihn, Theodor ist im Sorbasfieber!"

Frühschicht
Donnerstag nach der Arbeit erscheint Stefan in der Zelle und
bringt mir den Zola zurück.
„Na, Du warst die Woche über ja nicht ansprechbar. Hat Dir Alexis
Sorbas gefallen?
„Ja, ein tolles Buch, einfach irre. Das werde ich mir im Westen
sofort kaufen."

„Mach' das! Morgen, übrigens, ist der letzte Arbeitstag im Jahr und
Sonnabend gibt's den Wein. Mal sehen, ob er uns mundet."
„Wenn Du Dir das schon mit dem Verb mundet vorstellst, dann
muß ja aus dem gegorenen Brot mit Marmelade ein köstlicher
Wein zum Kredenzen entstanden sein."
„Wart's ab, wart's ab!"
„Das Schach ist grad frei, hast Lust?" frage ich ihn.
„Schön, spielen wir."

„Einschluß."
Licht aus.
„Gute Nacht allerseits!"
„Gute Nacht."

Die Zeit tickt wieder langsamer. Sogar nach Arbeitsschluß zäh, das Lesen will nicht, ich blättere lustlos in einem Buch, ohne es anzuschauen.
Endlich, „Einschluß!"
Licht aus.
„Gute Nacht allerseits!"
„Gute Nacht."

Aufwachen,
Aufstehen,
Frühstücken,
„Heraustreten zum Freiiiiiigang!"
… heute, der letzte Tag des Jahres, ein Fazit ziehen, bin 22 Jahre alt, weiß nicht, was ich will, weiß nicht wer ich bin, weiß nicht, wohin es geht.

Stefan klopft mir im Vorbeigehen auf die Schulter:
„Kopf nicht hängen lassen, nur keine falsche Melancholi-é nicht!"
Und wieder betont er Melancholie so lustig auf der letzten Silbe.
„Ich komm nachher mal nach der Heizung sehen."
Ich darf mich nicht hängen lassen.
Als neben mir Erwin und Kurt auftauchen, schließe ich mich ihnen an.
Kurt: „…, daß er da war, soll uns sagen, wir sind nicht vergessen. Da ist was im Busch. Sonst wäre nur ein Ortspfarrer gekommen."
Erwin: „Mach' Dich nicht verrückt, Amnestiefieber steckt an, Du machst alle nur ganz kirre."
Kurt: „Theodor, morgen nachmittag der verschobene Albert Schweitzer Vortrag."

„Sollte ich noch da sein, komme ich gerne."

Da ziehe ich lieber weiter, Amnestiefieber steckt an – besser nicht damit infizieren.

Nach der Kalten kommt Stefan mit zwei seiner Zellengenossen zu uns. Für Kalle haben wir unauffällig ein Tischtennisspiel arrangiert. Wir lehnen unsere Zellentür an und Stefan öffnet den Wein. Sofort riecht es durchdringend nach Brot und Wein.

Stefan gießt vorsichtig jedem seinen Zahnputzbecher voll.

Er stellt sich dann in der Mitte der Zelle auf, hält seinen Becher in die Luft:

„Auf das Neue Jahr, auf daß es uns allen die Freiheit bringt! Es ist zwar noch ein paar Stunden zu früh, aber laßt uns trotzdem darauf anstoßen!

Prosit Neujahr!"

Wir stoßen alle miteinander an:

„Prosit Neujahr!"

„Prosit Neujahr!"

Den Wein spüre ich sofort. Er tut gut, entspannt und vertreibt die trüben Gedanken des Vortags.

„Männer, nur keine Melancholi-é nicht!" bringe ich einen weiteren Trinkspruch aus.

„Nur keine Melancholi-é aufkommen lassen!" fallen die anderen mit ein.

Wir lachen fröhlich, Stefan verteilt an alle noch eine kleine Neige.

Auf dem Flur, bringen die Kalfaktoren die Kalte. Ich sitze auf meinem Bett, fühle den Wein auf meinen nüchternen Magen, bin beschwipst – richtig beschwipst.

Nach dem Abendessen lege ich mich gleich aufs Bett.

Aus den anderen Zellen höre ich Lachen. Erwin spielt mit Gerd Schach, Kalle ist nicht da.

Heut' ist Silvester und … und dann noch ein Silvester?

Von weit her höre ich leise Kirchenglocken.
Draußen, was sind das für Menschen, warum sehen sie uns nicht?
Mitten in der Stadt ein großer roter Backsteinbau. Vergitterte und verblendete Fenster weithin sichtbar.
Was sind das nur für Menschen da draußen?
Wie früher in der Schule, sie schauen weg, helfen nicht, wollen sich nicht engagieren.
Mitläufer, feige Mitläufer.
Halblebende, feige Halblebende.
„Einschluß!"
Licht aus.
„Gute Nacht!"
„Gute Nacht allerseits!"

Zum Freigang war Kurt bereits von Stufe Hoffnung zur Stufe Gewißheit aufgestiegen. „Heilige Drei Könige soll gesammelt werden" erzählt er überall voll Gewißheit. Aber woher diese Information stammt, weiß er nicht.

Nachmittags in seiner Zelle der Vortrag. Diesen Vortrag hätte ich auch halten können, bin sehr gespannt, was er bringt. Es sind schon fast alle Plätze belegt. Ich stelle mich hinten ans Fenster, neben das Klo.
Der Referent steht schon neben dem Tisch, seinen Spickzettel in der Hand. Er ist mir bis heute nicht aufgefallen, weil er in der großen 12-Mann-Zelle ist und auch nie zum Tischtennis auf den Flur kommt. Man sieht ihn nur auf Arbeit und mit den immergleichen Mitgefangenen seine Runden beim Freigang ziehen.

„Hallo allerseits." begrüßt er uns.
„Mein Name ist Ferdinand Röhl, ich stamme aus Quedlinburg und bin zuletzt Deutschlehrer in Halle gewesen.

Ich habe 20 Monate § 110 bekommen, weil ich den Direktor ange-schrien habe, wir würden die Kinder zu Militaristen und nicht zu Humanisten erziehen."

Spontaner Applaus.

„Heute möchte ich Euch Albert Schweitzer näher bringen."

Er dreht sich dabei um, als ob er hinter sich die Tafel sucht, um daran das Thema anzuschreiben und noch mit großer Geste zu unterstreichen.

Geboren im Elsaß, Pfarrerssohn, Abitur, Theologe, promoviert in Philosophie, dann Medizin. Mit französischen und deutschen Spendengeldern reist er von Frankreich aus nach Lambarene in der französischen Kolonie Gabun und gründet sein Urwaldspital. Während des Weltkriegs, als Deutscher auf einmal Feind, wird er interniert.

Großartiger Organist und Orgelliebhaber. Er hat viele wertvolle Orgeln vor dem Verfall gerettet.

Immer wieder Kampf um das Spital in Lambarene

Freundschaft mit Albert Einstein.

Damit endet er, bedankt sich noch für unsere Aufmerksamkeit.

Kein einziges Wort zum Philosophen und der Lehre von der Ehr-furcht vor dem Leben.

„Das haben sie Dir beigebracht an der sozialistischen Uni. Albert Schweitzer reduziert zum Arzt, Theologen und Organisten." Ich haue auf den Tisch, mir kommt der kalte Kaffee hoch und lautstark bricht es aus mir heraus:

„Bis dato hat sich die Philosophie mit dem Menschen beschäftigt, dem Ego. Immer nur ich, ich, ich. Störe meine Kreise nicht, weil ich denken kann, muß es mich ja geben, alles was wir sehen ist sowieso nur der Schatten dessen, was ist…

Albert Schweitzer ist der Erste – und hat damit einen ganz neuen Gedanken in die Philosophie gebracht – der das ICH ich sein läßt. Wir müssen uns als WIR sehen und wir müssen Achtung vor

ALLEM haben, was entstanden ist. Es gibt uns nur zusammen mit dem ALLEM und nicht herrschend darüber. Es gibt auch nicht diese abfällige Unterteilung in Schön-Pflanzen und Unkraut, auch bei den Tieren nicht. Wir sollen uns nicht die Welt untertan machen, indem wir sie beherrschen und ausbeuten, sondern mit ihr in Ehrfurcht vor jedem Leben leben."
Ich hole tief Luft.
„Seht die SED, NSDAP, KPdSU oder geht zurück ins Mittelalter, die Katholische Kirche. Wer der Obrigkeit nicht genehm war, wurde schlicht weggeräumt, umgebracht. Wir haben Glück, dürfen froh sein, daß unsere Obrigkeit Geld braucht und wir deshalb verkauft werden. Aber Ehrfurcht vor dem menschlichen Leben geschweige vor dem Leben überhaupt, gibt es nicht – Nitschewo!"

Bei meinem Ausbruch ist Kurt aufgesprungen, hat die Zellentür zugemacht und faucht mich an:
„Bist Du irre, halte sofort die Klappe! Willst Du Nachschlag 5 Jahre Bautzen und wir alle mit?"
Alle schweigen.
„Aber Theodor hat Recht" kommt es von Stefan, der direkt neben der Zellentür steht. „Ferdinand hat das wirklich Wichtige über Albert Schweitzer weggelassen und Theodor ist darüber entsetzt und deswegen ein wenig zu stürmisch."
Ich will noch mal erklären:
„Ich wollte mit meiner Eruption niemanden in Gefahr bringen. Mein Argument von der Ehrfurcht vor dem Leben, halte ich für den Grund, warum wir alle hier sind. Sie haben keine Achtung vor dem Leben und der Würde jedes Einzelnen. Ihr seht ja, damit diese Einzelnen nicht vor dem Guten weglaufen können, sperren sie sie ein – da werden mal so einfach 17 Millionen Menschen eingesperrt."
„Schluß für heute" bestimmt Kurt und stellt sich in die Mitte der Zelle:

„Ferdinand, herzlichen Dank für Deinen Vortrag. Den Anderen herzlichen Dank für's Kommen. Hat jemand einen Vorschlag für nächste Woche?"

„Nächste Woche ist Heilige Drei Könige, da wirst Du doch gesammelt" lacht Erwin.

Das neue Jahr.
Spätschicht

Es ist noch kälter geworden. Beim Freigang friere ich in meiner dünnen Jacke. Einige aus der 12-er-Zelle haben sich ihr Handtuch als Schal umgeschlungen – clever!

Meine Gedanken zu Albert Schweitzer hatte ich so schon länger. Sie haben sich in mir immer mehr verdichtet. Sie aber in logischer Klarheit zu formulieren, ist mir nie gelungen. Gestern, die Rede ist so schnell aus mir herausgekommen und hat es genau getroffen. Komisch, wie wohl mein Gehirn funktioniert?!

Ich suche Karl, mal reden, mal sehen, ob es nicht besser ist, sich für die Gefahr zu entschuldigen, in die ich ihn und die anderen gebracht habe.

„Na, tut mir leid, gestern, daß ich Euch in Gefahr gebracht habe!"

„Schon gut, wenn es jemand gemeldet hätte, wärst Du schon im Keller im Bunker und die Grauen hätten Dich vernommen."

„Was willst Du im Westen machen?" frage ich ihn.

„Pfarrer darf ich nicht, die Ost- und die Westkirche haben ein Abkommen geschlossen, damit die Ostpfarrer nicht abhauen. In den westdeutschen Landeskirchen gibt es eine Einstellungssperre.

„Das ist ja nicht zu fassen."

„Als Pfarrer muß man sich eigentlich den ganzen Tag für die Institution Kirche schämen."

„Mein Vater hat sich auch immer wieder über den roten Bischof Mitzenheim geärgert. Trotzdem, Du mußt doch von irgendwas leben?"

„Ich werde Musik machen, ein Lied schreiben, hab schon den Text" und summt:
„Was ist die Kraft, die uns treibt?
Das Land hinterm Horizont …"

„Das klingt aber eher nach einem Transportlied."
„Nein, es handelt vom Unterschied der Charaktere. Es gibt bei den Menschen die Intensiven und die Lauen. Die Intensiven erkennen sich untereinander und die Lauen sehen oft nicht mal den Unterschied.
Hier findest Du fast nur Intensive, sonst wären sie nicht hier."

„Meinst Du damit die Mitläufer?"
„Zum Teil sind sie das."
Eine Weile schweigen wir.
„Du bist doch der Philosoph, denke an Albert Schweitzer, alles hat seine Funktion, man muß es nur aus einer höheren Warte betrachten."
„Mitläufer sind notwendig?" frage ich ihn mit sarkastischem Unterton „Sie machen doch mit ihrer Tatenlosigkeit das Böse erst möglich."
„Nein, sieh mal, wie kriegerisch die Menschen jetzt schon sind. Wo kommt das her? In der Vorzeit, ganz früher, haben wir in Gruppen, Rudeln, Sippen gelebt. Einer war der Anführer. Um die Vorherrschaft wurde gekämpft, immer aufs Neue. Ein Mechanismus unserer Gen-Auslese.
Jetzt stelle Dir mal vor, es hätten ständig alle um die Vorherrschaft gekämpft! Was für eine Selbstvernichtung der Sippe? Deswegen ist das gut so, daß viele kein Interesse an der Führung haben und sich gedanken- und kritiklos treiben lassen. Sie machen in der Gruppe mit, was der Anführer sagt.
Das senkt die Aggression auf ein für das Fortkommen notwendiges Maß."

„Das soll es sein, die vielen Ja-Sager und Weg-Schauer, die uns vor-
preschen lassen und sich dann abwenden, wenn Solidarität Not
tut?"

„Ich habe sonst keine Erklärung. Aber auch die Intensiven sind
nicht auf allen Gebieten intensiv und die Lauen nicht überall lau,
teilnahmslos."

Für mich sind das Halblebende, zu denen möchte ich Abstand halten, die haben mich oft im Regen stehen lassen und so schon in der
Schulzeit zum Außenseiter gemacht.

„Ich verstehe Deine Wut. Sei nur sehr vorsichtig, nimm Dich
zurück, damit Du nicht im Keller in den Bunker kommst."

Zurück in die Zellen – fertig machen zur Arbeit – Abmarsch.

In der Sprela, das sah ich auf den ersten Blick, war hinten die Ecke,
in der Erwin und ich Landkarten gezeichnet hatten, alles umge-
räumt. Sauber gestapelt standen alle Kisten, es war penibel sauber
gefegt und die staubigen Hocker abgewischt. Da hat die andere
Schicht einen Putztag, statt Arbeitstag gehabt.

Der alte Meister klärt uns auf: „Inventur und da haben wir gleich
mal richtig aufgeräumt."

Vor dem Klo eine lange Schlange.

Herbert findet an seiner Maschine einen Zettel von der Frühschicht: Über der Schleuse brannte heute Nacht Licht.

Der Bischof, Heilige Drei Könige, Transport, sie sammeln.

Ich schalte meine Drehbank ein und fertige Hülse um Hülse. Für
mich ist es noch zu früh, nach so kurzer Haft ist noch nie jemand
auf Transport gegangen, aber der Bischof, aber der Bischof ...

In der Pause sehe ich wie Kurt sich mit dem Essen müht. Er schiebt
seinen Kartoffelmatsch hin und her und schüttet ihn dann in den
Abfallkübel.

Ich setze mich zu ihm.

„Na, bist Du reif, könnte es sein, wieviel hast Du schon?"

„Ja, könnte sein."

„Wegen des Bischofs?"

„Bin aber auch so dran."

Nicht nur mich ergreift eine allgemeine Unruhe.

Schichtende – Rückmarsch – Licht aus und Nachtruhe.

Es ist mir unmöglich still zu liegen. Liege ich auf der rechten Seite, ist es unbequem; liege ich links, spüre ich mein Herz klopfen, liege ich auf dem Rücken, finde ich auch keine Ruhe.

Frühmorgens bin ich wie gerädert. Meine Augen brennen, müde, diese enge Zelle, dieser ständige Gestank, ich trinke Muckefuck und kann nichts essen. Alles ist abstoßend, unerträglich.

Freigang, Arbeit, Einschluß, Licht aus, Nachtruhe.

Mitten in der Nacht wache ich auf und höre vom Flur der anderen Schicht, Schlüsseldrehen und Riegelschnappen.

Ich setze mich auf. Auch Erwin und Gerd sind wach und sitzen im Bett.

Jetzt, unsere Flurtür wird geöffnet, dann zweimal Zellentüren schnapp auf und kurz darauf schnapp, wieder zu.

Trappeln auf dem Flur, es scheppert noch das Schließen der Flurtür und dann … es ist vorbei, sie sind weg, es ist wieder Ruhe. Vorbei.

Ich lege mich hin. Mir ist elend, mein Gesicht verkrampft sich. Ich beiße fest auf mein Kissen – fest, kann nicht loslassen, fest, die Kraft tut gut. Irgendwann ist das auch für mich vorbei – irgendwann werde auch ich gesammelt.

Die Kalfaktoren bringen Frühstück.

Erwin steht schon an der Zellentür und wartet, daß die Riegel schnappen.

Kalle ist verwundert: „Was ist los, seit wann holst Du Frühstück?"

„Du Penner, hast nichts mitbekommen, heute Nacht haben sie gesammelt. Ich muß wissen, wen!"

„Und?" fragen wir ihn, als er mit dem Frühstück kommt.

„Kurt und zwei aus der großen Zelle."

Und leise zu mir gewandt: „Der, der die Adresse vom Kassiber gelernt hatte, ist einer von ihnen."

„Ob Kurt dran war oder war es mit Hilfe des Bischofs?" frage ich Gerd.

Freigang, dann Abmarsch zur Arbeit.

Die Meister fragen nicht nach, wo die Fehlenden sind.

Die Arbeit geht ihren gewohnten Gang.

Der Februar ist bitterkalt. Nachts können wir das Fenster nicht mehr offen lassen. Erfrieren oder Erstinken? Der Gestank ist besonders schrecklich, wenn wir vom Freigang oder der Arbeit hereinkommen.

Sonntags werde ich mit den anderen, die ihre Arbeitsnorm erfüllt haben, zum Fernsehen aufgerufen:

„Nein Danke, Ostfernsehen will ich nicht sehen."

Verwundert sieht mich der Dicke an.

„Na, dann eben nicht." und bringt Kalle und drei weitere Häftlinge zum Fernsehen.

Sonntags drauf das gleiche Spiel mit RT:

„Gefangener Koch, heraustreten zum Fernsehen!"

„Nein Danke, Ostfernsehen will ich nicht sehen."

Böse schaut er mich an.

Dann werde ich nicht mehr aufgerufen.

Frühschicht

Es taut, die Luft riecht frischer, der Schotter kommt wieder zum Vorschein.

Von meiner Drehbank sehe ich, auch draußen, auf den Bäumen ist der Schnee getaut.

Erwin kommt bei mir vorbei, grinst über das ganze Gesicht und zeigt mit dem Daumen hinter sich in die Ecke.

Dort steht auf einem Hocker eine große Pappe auf der mit großen Buchstaben: „FREIHEIT FÜR ERIK OLSEN!" steht.

Erwin verzieht sich Richtung Klo.

Die anderen haben es alle bemerkt und tun so, als ob sie es nicht bemerkt hätten.

Da kommt, wie von einer Tarantel gestochen, der Terrier angerannt, bleibt vor der Pappe stehen und ist außer sich, ringt nach Luft: „Helmut, Helmut, ruf' die Wache!"

Dabei dreht er sich ständig im Kreis, als ob er uns wie ein Löwenbändiger in der Manege, auf Distanz halten müßte.

„Alle Maschinen aus und alle Häftlinge in den Pausenraum!"

Betont langsam machen wir uns auf den Weg.

Dort sitzt schon Erwin. Ich setze mich neben ihn.

„Wer ist Erik Olsen?"

Erich druckst: „Der Chef der Olsenbande, eine dänische Kriminalkomödie, ein Film, lief sogar bei der DEFA."

Alle sitzen, der Terrier steht in der Tür der Meisterbude – nichts passiert.

Es wird immer ruhiger, bis es ganz mucksmäuschenstill ist.

Draußen fährt ein B1000 vor, Autotüren sind zu hören, unten wird auf und wieder zugeschlossen, hastiges Trappeln auf der Treppe.

Es erscheinen mit dem alten Meister zwei Stasi-Leutnants in ihrer grauen Uniform.

Sie werden vom Meister nach hinten zu der Pappe geführt.

Mit dieser Eskalation hatte Erwin nicht gerechnet. Er sitzt mit bleichem Gesicht da und sieht bedrückt aus.

Das Essen kommt, draußen stehen die Kalfaktoren mit den Kübeln auf ihrem Handwagen, sie dürfen nicht herein. Es vergeht mehr als eine Viertelstunde.

Jetzt kommen die Grauen wieder aus der Werkstatt heraus. Sie gehen wortlos mit verschlossenen, ausdruckslosen Gesichtern an uns vorbei nach unten. Ihr Auto fährt ab, die Kalfaktoren dürfen nun herein und bringen das Essen die Treppe herauf.

Der alte Meister kommt in den Pausenraum:

„Ab jetzt ist Pause und dann wieder jeder an seine Arbeit."

Erwin atmet erleichtert auf, noch mal gut gegangen.

Auf dem Rückweg zum Zellentrakt schaffe ich es wieder, mit Kumpel einen Blickkontakt aufzubauen. Er kläfft zwar noch wütend, wedelt aber dabei schon mit dem Schwanz.
Sonntag, wieder hat RT Dienst, es geht nur noch Kalle mit zum Fernsehen. Alle anderen haben sich dem stillen Fernseh-Boykott angeschlossen.

In der Nacht, in der auch Erwin gesammelt wird, tobt es im ganzen Haus. Ich höre, wie Häftlinge wie die Irren mit dem Alugeschirr gegen die Zellentüren trommeln.
Beim nächsten Freigang kommt Kalle zu mir:
„Was kann ich tun, damit ich auch gesammelt werde?"
„Kalle, Du mußt aufhören, für die zu arbeiten!"
„Tue ich nicht. Meinst Du, ich habe nichts bemerkt von dem Wein? Habe nichts gemeldet."
„Ende Freigang!"
In der Zelle ist schon neuer Zugang.
„Holger" stellt er sich vor und wir geben uns alle die Hand.
Wir spielen oft Schach – dabei erzählt er von seinem Traum, richtig auf die Walz gehen zu können.
Immer, wenn RT Sonntags Dienst hat, müssen wir jetzt alle geschlossen zum Fernsehen. Dabei laufen Politsendungen vom SED-Parteitag oder sonstwelche Parteireden. Einmal sogar der „Schwarze Kanal". Ich habe dabei innerlich heftig lachen müssen: Karl-Eduard von Schnitzler war so komisch. Wenn das Westfernsehen wäre, wäre es die perfekte Persiflage.

Die Rose im Hof bekam Blätter und dann mehrere Blüten. Wenn Blicke Dünger wären, sie wäre haushoch über alle Knastmauern hinaus gewachsen.

Statt Kurts Mini-Uni wurden jetzt Tischtennisturniere abgehalten. Ich habe mal den vierten Platz erreicht.

Bald hat Maximilian Geburtstag, damit ist das erste Knastjahr rum.
Dann ist ja schon mein Geburtstag, sogar schon mein zweiter Geburtstag im Knast. Noch zwei waren während meiner Armeezeit. Das ist oder besser war meine Jugend.
Andere studieren, fahren um die Welt, haben eine Freundin…

Meine Gedanken drehen sich im Kreis. Ein Auf und Ab, mal Kraft, mal Melancholi-é.
Ich muß unwillkürlich lachen, da ich im Denken, Stefans Betonung benutze.
Wie ein Nomade leben, sich nicht an Ort, Haus und Land binden, ohne Wehmut alles zurücklassen können. Eigentum macht abhängig. Geborgenheit finde ich in mir selber, Freiheit in meinem Geist.

„Fertig machen zur Arbeiiiit!"
Ach, der Dicke, auf geht's, Spätschicht.
In der Pause bei der Essenausgabe, macht mir einer der Kalfaktoren ein Zeichen, er hätte mir etwas mitzuteilen.
Als der letzte sein Essen hat, gehe ich zu ihm hin.
„Hallo, Du willst mir was sagen?"
„Du bist doch einer von den Brüdern?"
„Ja."
„Dein Bruder ist Maximilian?"
„Richtig, ich bin Theodor."
„Dein Bruder hat Randale gemacht, Arafat hat ihn in den Bunker gesteckt. Drei Wochen."
„Danke für die Nachricht!"
„Schon gut!"
Mir ist schlecht, total weiche Knie, muß mich setzen.
Stefan sieht mich fragend an.

„Was ist passiert?"

„Mein Bruder, drüben im Pentacon, für drei Wochen in den Bunker."

„Weißt Du auch wofür?"

„Nein, vielleicht hat er an seinem Geburtstag einen Knastkoller bekommen."

„Hoffentlich kommt da nicht noch was nach. Nachschlag!"

„Ei verpüpch noch einmal. Die Pritsche wird tagsüber hochgeschlossen, kein Hocker oder Tisch, abends gibt es einen Teller Suppe und eine Scheibe Brot. Im Keller kalt und feucht, vom Kellerfenster kommt kaum Licht, es ist noch viel dunkler als unsere Zelle, Licht wird nicht eingeschaltet."

Was habe ich nur angerichtet? Wollte ihn führen, helfen, nicht im Stich lassen, habe die Gefahr unterschätzt, habe ihn in unüberschaubare Gefahr gebracht, habe seine Kraft falsch eingeschätzt – meine Verantwortung.

Die Idee, war so leicht und logisch, als großer Bruder nehme ich ihn unter meine Fittiche, bringe ihn in die Freiheit. Das ist überschaubar, Gefängnis glaubte ich, sei überschaubar. Aber jetzt: ich bin Dädalos, er mein Ikarus, ich trage die volle Verantwortung. Was nur, wenn er das nicht durchsteht? Ikarus ist der Sonne zu nahe gekommen, aber Dädalos hätte wissen müssen, daß Ikarus jung und zu ungestüm für diese Flucht ist.

Ich habe ihn hier herein gebracht.

Ich hätte ahnen können, ahnen müssen, daß er irgendwann die Nerven verliert und Randale macht, weil er es nicht mehr aushält. Was hab ich da nur angestellt. War so eine Gefahr, die Befürchtung, der Grund, daß mich Friedrich-Ernst damals zurückgelassen hatte?

Ohne einen Happen herunter zu bekommen, sitze ich vor meinem Kartoffelmatsch.

Nach der Arbeit kommt Stefan in unsere Zelle:

„Wir werden ihm Butter schicken. Dein Geld wird nicht ausreichen, die Kalfaktoren zu bestechen. Ich organisiere das. Wir legen alle zusammen und schicken ihm Butter!"

„Einschluß!"

Licht aus.

So richtige Gedanken, wie es Maximilian geht, habe ich mir bisher nicht gemacht. Ob er auch Vorträge hört, Tischtennis spielt, ein Buch empfohlen bekommt, Schach spielt? Jetzt sehe ich ihn im Keller, wie mich damals in Miskolc. Noch schlimmer, fast kein Licht, nur abends eine Suppe.

Gegen morgen, endlich auf dem Flur, die Kalfaktoren bringen das Frühstück.

Ich bin vor Kalle draußen und versuche den zu finden, der mir gestern die Nachricht gebracht hat. Er steht am Muckefuck-Kübel und schenkt aus.

„Kannst Du mir sagen, wie es ihm geht?" frage ich ihn.

„Schlecht geht es. Er hat jetzt das zweite mal Bunker bekommen. Beim ersten Mal hat er sich nach Abbüßung, gleich mit Schließer Arafat gestritten und der hat ihm sofort noch drei Wochen aufgebrummt. Es geht ihm schlecht, er will nicht mehr."

„Er will nicht mehr?"

„Richtig, er will nicht mehr, es ist ihm alles egal."

Stefan kommt mit einem Päckchen Tabak und Blättchen, steckt es dem Kalfaktor in die Tasche.

„Hier erst mal Danke!"

Wir gehen in meine Zelle.

Gespannte Erwartung – alle schauen mich an.

„Es geht ihm sehr schlecht, er will Schluß machen."

„Schluß machen?" fragt mich ganz entsetzt Holger.

„Ich denke, er hat keine Kraft mehr."

Ich habe keinen Appetit, setze mich nicht mit hin. Meine Stullen schiebe ich den anderen hin.

„Ich muß ihn als Notfall nach dem Westen melden, dann können sie von dort aus was machen, ihn schneller holen."

„Und alle müssen informiert und instruiert werden." kommt es von Holger.

„Und wir müssen Deinem Bruder das zustecken, damit er Hoffnung und Kraft zurück bekommt." sagt Stefan.

Ich setze mich aufs Bett, es fällt mir schwer zu atmen, mein Puls klopft bis in den Hals. Da kommt es wieder, das dritte Mal, das ohnmächtige Gefühl: eine eiserne Faust preßt einen Eisenring eng um meinem Brustkorb. Die Anderen sind plötzlich so weit weg, fremd – es preßt und preßt.

„Morgen ist Einkauf, dann bekommst Du Deinen Tabak zurück." höre ich einen mir fremden Theodor zu Stefan sagen.

„Nein, will ich nicht!" Seine Antwort direkt vor mir und trotzdem, aus einer anderen Wirklichkeit.

„Ich, ich habe ihn hier herein gebracht!" stöhnt es fremd aus mir heraus.

Körperkontakt – gibt es normalerweise nicht – undenkbar.

Stefan setzt sich neben mich, legt seinen Arm um meine Schulter: „Jeder hat sein eigenes Schicksal!"

„Freigang!"

„Ach weißt Du," sagt Stefan beim Laufen zu mir „Schicksal selber lenken können wir nur den Teil, den wir überschauen, den wir sehen. Der Rest ist fremdgesteuert, Gene, Zufall, wie man es auch nennen möchte.

„Paß auf" sage ich zu ihm „Wir werden jetzt allen Bescheid geben, wie es um meinen Bruder steht und das derjenige, der als nächstes gesammelt wird, in Gießen sofort Alarm schlägt. Dann hinterlegen wir Kassiber an unseren Maschinen, damit auch die andere Schicht informiert ist. Dann hoffen wir, daß es nicht mehr lange dauert, bis die Grauen wieder sammeln kommen."

Die Kalfaktoren bringen das Essen. Ich stelle mich als letzter an die Schlange.

„Du, bringst Du auch Essen, drüben im Bunker?"

„Ja, Abends die Suppe."

„Dort ist mein Bruder Maximilian, kannst Du ihm etwas ausrichten, er sei als Notfall nach Gießen gemeldet, soll durchhalten! Durchhalten! Geht das?"

Ich halte ihm dafür mein restliches Geld hin.

Er dreht sich um, ob uns jemand beobachtet hat, steckt das Geld ein und sagt:

„Noch heute Abend, wir bringen Essen erst ins Pentacon, dann in den Bunker. Ich sag' es ihm."

Nach fünf Tagen schon finde ich bei Arbeitsbeginn in der Frühschicht einen Zettel in einer Hülse, die wie vergessen, mitten zwischen meinen Werkzeug lag.

„Nachricht an den mit dem Bruder" steht oben drauf.

Ich rolle ihn auseinander: „In der Schleuse brannte Licht!"

Ich suche, wo Stefan ist. Er steht an seiner Maschine und hält einen ähnlichen Zettel in der Hand.

Wie vom bösen Geist besessen, mehr zerhacken als ausdrehen, mehr zerstören als fertigen, malträtiere ich meine Drehbank. Ein Meißel und mehrere Hülsen zerbrechen unter meinen Attacken.

In der Nacht geht es los. Wieder trommeln die Häftlinge mit dem Geschirr gegen die Türen. Wir sind alle wach. Draußen hören wir die Flurtür und nur einmal eine Zellentür. Unsere Zellentür bleibt verschlossen.

Ich finde keinen Schlaf. Über mir im Bett schimpft Holger: „Ist wieder mal Quirl angesagt. Mensch hör auf, Dich ständig zu drehen, ich werde seekrank."

Endlich draußen die Geräusche für's Frühstück.

Freigang.

„Fertig machen zur Arbeiiiit!"

Heute wedelt mich Kumpel an und bellt auch nicht. Sieht fast aus, als ob er sich über unser Erscheinen freut. Auf dem Rückweg lasse ich ihm dick Kartoffeln zukommen.

Frühschicht – Spätschicht – Frühschicht – .

Auch RT bemerkt, daß Kumpel nicht mehr knurrt und bellt.
Es ist Mitte Juni, das erste Haftjahr voll.
Maximilian ist aus dem Bunker zurück.
Unsere Rose blüht.
Juni vorbei.
Kumpel ist weg. Ein neuer Hund, wild und böse.
Licht über der Schleuse – „Sie sammeln" – Stefan hat es geschafft.
Durchhalten – Durchhalten!

Juli vorbei.

Jedesmal mitzuhoffen, wenn es wie im Bienenhaus anfing zu Sum-
men: „sie sammeln, sammeln, sammeln." habe ich mir verboten.
„Nein, Du bist noch nicht dran, nächstes Jahr Ostern ist Deine
Zeit. Versuche Tischtennis zu spielen, versuche Schach zu spielen,
Lesen. Du bist noch nicht dran – noch nicht dran."

Und dann, wenn es wieder mal losging: Licht über der Schleuse,
das Summen, nachts das Türenscheppern, wenn sie sammeln
kommen, dann schütze ich mich vor dem schweren Würgen in
meinem Hals, damit es nicht hochkommt und mein Gesicht verzerrt, dann wickle ich mir das Kissen um den Kopf und versuche
trotzdem zu schlafen. Ich bin noch nicht dran … !

„Theodor, Theodor!"
Holger steht neben mir, die Zellentür ist offen, der Dicke steht in
der Tür.
„Strafgefangener Koch drei Minuten zum Packen und dann heraustreten."

Ich ziehe meine Bettwäsche ab, verabschiede mich von den anderen, nehme Handtücher, mein Waschzeug, das Geschirr und trete hinaus auf den Flur.

„Bettzeug, Handtücher hier auf den Haufen." Befiehlt der Dicke.

„Und ab hinunter in den Wachraum."

Als ich an ihm vorbei zur Flurtür will, hält er mich auf: „Der Hund ist bei mir und gute Reise, viel Glück!"

Unten im Wachraum ist RT und nimmt das Geschirr entgegen. Auf dem Tisch stehen Kartons mit unseren Effekten. „Waschzeugs oben drauf und ab nach draußen."

Die Gittertüren nach außen sind alle offen. Wir werden bereits nicht mehr bewacht. Vor der Tür steht ein W-50 mit der Reklameaufschrift: „Eßt frischen Fisch".

Neben dem LKW stehen schon drei Häftlinge, keine Wache ist zu sehen. Ich stelle mich zu ihnen, wir warten.

Dann kommen die Grauen, sie bringen noch andere Häftlinge. Wir müssen einsteigen. Dann passiert nichts. Ich pfeife den Familienpfiff – keine Antwort.

Dann kommen noch Häftlinge. Ich pfeife wieder, da kommt sein Antwortpfiff!

Mit berstender Kraft könnte ich vor Freude meine enge Kabine auseinanderbrechen.

Über Landstraße und mit gleichmäßigem Brummen auf der Autobahn, geht es nach Karl-Marx-Stadt.

Maximilian und ich, wir kommen mit einem dritten Häftling zusammen in eine Zelle.

Ist das eine letzte Falle, ob wir uns verraten?

Die Schließer wieder in grauer Uniform.

„Stell' Dir mal vor, „ fängt Maximilian an zu erzählen, „ich mußte eine Kiste Kleinteile prüfen und unten auf dem Boden der Kiste lag ein Prüfzettel von Friedrich-Ernst." Wir lachen unbändig.

Zum Essen gibt es … na klar, wie immer, aber es ist auch Salat dabei. Haare kurz schneiden, brauchen wir nicht mehr.

„Wir werden jetzt für den Westen schön gemacht," flachst der dritte Mann.

Ich werde noch einmal zur Stasi zum Verhör geholt.

„Bleiben Sie bei Ihrem Ausreiseantrag?"

„Ja, keine Frage!"

„Dann füllen Sie hier dieses Formblatt aus."

Er legt mir ein Formular vor: Antrag auf Entlassung aus der Staatsbürgerschaft der DDR.

Ich fülle es aus und unterschreibe.

Drei Tage passiert nichts.

Freigang im ummauerten dunklen Hof, in einer winzigen kleinen Buchte.

Ich werde abgeholt, bekomme meine Zivilklamotten und es wird ein Paßphoto angefertigt.

Was für ein Gefühl, keine Häftlingskleidung mehr.

Zum Essen gibt es NUDELN, Soße und Salat!!!

An schlafen ist kaum noch zu denken.

Am Morgen bin ich der erste, der abgeholt wird.

Ein Oberleutnant sitzt hinter seinem Schreibtisch.

„Ihrem Antrag auf Entlassung aus der Staatsbürgerschaft der DDR wurde entsprochen."

Dann überreicht er mir eine Urkunde.

Ich werde zurück in die Zelle gebracht.

Niemand da, ich bin allein.

Entlassung aus der Staatsbürgerschaft der Deutschen Demokratischen Republik. Berlin und das Datum von Morgen.

Ich hüpfe wie ein kleines Kind im Kreis.

Maximilian wird gebracht. Auch er hat diese Urkunde.

Nachmittags werde ich erneut abgeholt.

Der Schließer bringt mich in ein Büro. Ein Tresen quer durch den Raum, viele Akten in den Regalen. Eine Frau in Zivil hat ein Formular vorbereitet: „Ihr Geld." und legt mir das Formular vor.

Da ist eine Abrechnung meines Verdienstes bei Sprela abzüglich der Unterbringungskosten und dazu der Sparanteil für die Zeit nach der Entlassung.

Daneben noch eine zweite Spalte: Devisen.

Ich bekomme 180 Mark Ost und DM 70,– Westgeld.

Ich unterschreibe und bekomme das Geld ausgehändigt.

Zurück in der Zelle, wird auch Maximilian und dann der andere abgeholt.

Nach einer halben Stunde kommen auch sie, mit Geld in der Hand, zurück in die Zelle.

Abends, die Kalte kommt. Heute geht nicht nur die Klappe auf und das Essen wird herein gereicht, sondern die Tür öffnet sich. Der Schließer hat einen großen Wagen voller Zigarettenstangen bei sich – auch Westzigaretten.

„Die Mark der Deutschen Demokratischen Republik dürfen sie nicht ausführen. Sie müssen sie ausgeben. Suchen Sie sich hier etwas aus."

Nach einigem Rechnen entscheide ich mich, lieber kaufe ich nur eine Stange Westzigaretten, statt drei Stangen Ostzigaretten. Und damit ist mein Geld von einem Jahr Arbeit bereits vollständig ausgegeben.

Mühsam schlafen wir ein und auch nur, weil wir in den letzten Nächten kaum geschlafen haben.

Die Glasbausteine, das dämmrige Licht, der muffige Geruch, das Frühstück mit dem Muckefuck durch die Türklappe. Unser dritter Mann putzt sich bereits die Zähne. Ich habe das unbedingte, dringende Bedürfnis zu Laufen, so wie in der U-Haft, damals von Jupp gelernt, Nachdenken können, Erinnern, Sammeln, Träumen und Ich-Sein, ganz bei mir, ganz mit mir allein sein.

Es geht nicht mehr, habe nicht mehr die Unbeschwertheit, abzutauchen, um allein sein zu können, mich über die Anwesenheit der Anderen hinwegzusetzen.
Ich kann nicht mehr Laufen – es geht nicht mehr.

Ich trinke einen Becher Muckefuck, mehr geht nicht.
Das Schloß und die Riegel schnappen:
„Effektenausgabe!"
Ich bekomme meine schon vergessene Reisetasche ausgehändigt.
Die Tür bleibt offen? Ich luge vorsichtig auf den Flur. Auch die anderen Zellen stehen offen und weiter vorne teilt ein Grauer noch Effekten aus.
Wir sind frei!
„Es ist vorbei, wir haben es geschafft!" sage ich zu Maximilian. „Sie machen nicht mal mehr die Zellen zu."
„Dann geht es bestimmt gleich los!"
Ich stecke noch meine Zahnbürste in die Reisetasche, alles andere lasse ich liegen.
Wir setzen uns, wie in einer Wartehalle, auf die Hocker, die Reisetasche auf dem Schoß und warten.
„Du", sage ich zu Maximilian „ich habe doch die 70,– DM Westgeld. Wenn wir in Gießen sind, gehen wir damit richtig fein essen."
„Oh ja, Gänsebraten mit Klößen."
„Ja, riesig großen Gänsebraten mit Klößen, das machen wir!"

Von ganz am anderen Ende des Flures hören wir, immer näher kommend, die Aufforderung: „Heraustreten!"
Dann sind auch wir dran:
„Heraustreten!" fordert uns ein Grauer vom Flur aus auf.

Aus dem Halbdunkel unserer Zelle treten wir auf den Gang. Vorne die Flurtür ist auch schon aufgeschlossen. Wir gehen automatisch darauf zu, eine kleine Treppe hinab, durch eine schon offen stehende Außentür in einen von großen Mauern umgebenen Hof.

Hier wartet ein Westbus, Mercedes. Ein Mann in Zivil, offensichtlich der Busfahrer, steht an den außen am Bus geöffneten Gepäckfächern, winkt uns zu:

„Gepäck hier herein!"

Wir stellen unsere Tasche hinein und steigen in den Bus. Das ist also einer der Geisterbusse, jetzt sitzen wir selber drin!

Immer wieder kommen kleine Gruppen von drei oder vier Häftlingen auf den Hof und steigen mit in den Bus. Nach einer langen Pause kommt ein etwas beleibter, untersetzter Mann zu uns herein. Er stellt sich vorne in den Eingang:

„Guten Tag. Mein Name ist Dr. Michael Vogel, ich begleite Sie in die Bundesrepublik!"

Alle klatschen!

„Bitte bewahren Sie Ruhe, bis wir über die Grenze sind und sprechen Sie nicht über das, was sie erlebt haben, es könnte dem ganzen Verfahren schaden – denken Sie an Ihre zurückgebliebenen Mitgefangenen. Bitte bleiben sie während der Fahrt absolut ruhig und winken keinen anderen Fahrzeugen zu! Wir haben bis zur Grenze noch Begleitfahrzeuge und alles könnte noch abgebrochen werden."

Damit steigt er aus dem Bus.

Nachdem er ausgestiegen ist, kommt ein Grauer und setzt sich ganz hinten in den Bus.

Die Tür schließt sich.

Der Motor startet, das riesige Stahltor schiebt sich zur Seite, der Bus rollt an. Während wir anfahren, kommt ein weiterer Westbus, darin nur Frauen, aus einem Seitenhof und fährt mit uns aus dem Knast heraus.

Stadtverkehr, Landstraße, Autobahn – fremd, fern, unwirklich.

Autobahn Dresden – Eisenach, das war doch mal meine Stammstrecke. Thüringer Berge: Magdala bergauf, Apolda bergab, Weimar bergauf … Ich habe hier schon einmal Abschied genommen, damals in Eisenach, mein Weg zum Bahnhof. Damals fühlte ich mich bereits erwachsen. Bin ich das heute?

Mein Rollenwechsel: erst der kleine, der Ikarus, dann gewachsen zum Großen, zum Dädalus.

Draußen riesige Felder, abgeerntet, Frauen mit bunten Kopftüchern binden Garben, es riecht nach Herbst.
Maximilian sitzt neben mir, grau im Gesicht, abgemagert. Was wäre nur, hätte er das nicht durchgestanden, dann aus mir geworden? Wie sehe ich aus, auch graue Hautfarbe, wiege noch 76 Kg bei 196 cm Körpergröße.
Wir fahren an Gotha vorbei.
Die Hörselberge, hier habe ich als Kieskutscher an die Autobahn Randstreifen angeschüttet – fernes Leben anderer Stern und glaubte mich damals schon erwachsen.
Auf der Höhe der umwerfende Wartburgblick, dann den Berg hinab zur Ausfahrt Eisenach-Ost. Sie hat in der Auffahrt einen kleinen Parkplatz. Der Bus fährt ab und hält. Der Graue steigt aus und fährt weiter mit hinter uns fahrendem Lada.
„Den sind wir los!" sagt der Fahrer in sein Mikrophon. Wir fahren an, er schaltet das Radio ein, sucht einen Sender. Beim Suchen erklingt kurz, aber lang genug, um meine Erinnerung zu aktivieren, Bach das Wohltemperierte Klavier! Der Busfahrer sucht weiter … für meine Mitfahrer erklingen dann Schlager, für mich erklingt in mir Bach, klar, weit und hell.
Wir fahren auf Eisenach-West zu. Da, das große Schild: „HALT!", früher das Ende meiner Welt, wir fahren einfach daran vorbei.
Vor uns die Grenzanlagen, lange Autoschlangen an den Abfertigungshäuschen. Wir biegen in eine Umgehungsspur ein, fahren mit ungehindert hoher Geschwindigkeit, keine Sperrbalken, keine Minenfelder, kein „DU NICHT!", durch den Kontrollpunkt hindurch.
Ein magischer Moment. Mein Denken bleibt stehen, meine Wahrnehmung verengt sich, kein Rechts, kein Links, nur starr durch die Frontscheibe: der frisch geharkte Todesstreifen, das Niemandsland, …

Wie von außerhalb, wie in Trance, wie von ganz weit oben, sehe ich mich neben meinem kleinen Bruder sitzen und wir hauen uns ununterbrochen gegenseitig, wie die Wilden, wie irre gewordene Wahnsinnige, auf die Schenkel.

Es ist alles gut gegangen!

Drei Ringe trage ich um meine Brust, sie schmerzen nicht, sie drücken nicht, es ist gerade nur so, daß ich spüre, sie sind da. Mein Leben ist offen und weit.

Ich kann jetzt aufstehen, aussteigen und tun, was immer ich tun möchte.

Ende

Die französische Revolution

Gleichheit, Freiheit, Brüderlichkeit – die berühmten Ideen der französischen Revolution. Wörter wie Paukenschläge, die die politische Landschaft Europas von Grund auf veränderten.

Mit dem Aufstand gegen König und Adel von 1789 wurde das „Acien Regime" gestürzt, die Macht des Absolutismus gebrochen. Ludwig der XVI. starb – wie seine österreichische Frau Marie Antoinette – unter dem Fallbeil der Guillotine. Den konservativen Kräften Europas gelang es nicht mehr, den Funken der Revolution auszureten. Europas Throne wankten, schon bald sollten sie fast alle stürzen. Robespierre, der Führer der berüchtigten Jakobiner, errichtete mit seinen Freunden ein blutiges Terrorregime. Erst der Widerstand der großbürgerlichen Kräfte und das energische Zupacken Napoleons beendeten den Aufstand des französischen Volkes gegen die etablierte Macht.

Hörbuch, 1 CD
150 Min., 24,95 €
ISBN 978-3-8312-6017-1

Taschenbuch
87 Seiten, 7,90 €
ISBN 978-3-8312-0356-7

DIE DEUTSCHEN
Ein Jahrtausend Deutscher Geschichte

Die ZDF-Erfolgsreihe in zwei Staffeln mit je 10 Folgen. Eine Zeitreise von den Anfängen bis ins 20. Jahrhundert, anhand der Höhepunkte und herausragender Persönlichkeiten.

Staffel I für 99,95 €
10 DVDs, insg. 775 Min.
(inkl. viel Bonusmaterial)
ISBN: 978-3-8312-9674-3

oder
5 Blue-rays, insg. 450 Min.
ISBN: 978-3-8312-0500-4

Staffel II für 99,95 €
10 DVDs, insg. 450 Min.
ISBN: 978-3-8312-9957-7

oder
5 Blue-rays, insg. 450 Min.
ISBN: 978-3-8312-0506-6

Als Paket: I + II
20 DVDs, insg. 1375 Min., **179,95 €**
ISBN: 978-3-8312-9975-1
oder
10 Blue-rays, insg. 900 Min., **149,95 €**
ISBN: 978-3-8312-0507-1

Die Geheimnisse des Großen und des Kleinen, des Makro-
und des Mikrokosmos finden sich in über 1.500 Büchern, Hörbüchern und
DVD-Film-Dokumentationen des Münchner Verlags Komplett-Media.

Kostenlose Kataloge liegen bereit.
(Tel. 089/ 6 49 22 77)

Einen schnellen Überblick gibt auch das Internet:
www.der-wissens-verlag.de